Comentários à Lei de

IMPROBIDADE ADMINISTRATIVA

— Doutrina e Jurisprudência —

Dados Internacionais de Catalogação na Publicação (CIP)

B347c Baum, Adler.

Comentários à Lei de Improbidade Administrativa : doutrina e jurisprudência / Adler Baum. – Porto Alegre : Livraria do Advogado, 2020.

127 p. ; 23 cm.

Inclui bibliografia.

ISBN 978-85-9590-086-8

1. Improbidade administrativa - Legislação - Brasil. 2. Brasil. Lei n. 8.429, de 2 de junho de 1992. 3. Crime contra a administração pública - Brasil. I. Título.

CDU 343.35(81)
CDD 345.8102323

Índice para catálogo sistemático:

1. Improbidade administrativa : Legislação : Brasil 343.35(81)

(Bibliotecária responsável: Sabrina Leal Araujo – CRB 8/10213)

ADLER BAUM

Comentários à Lei de IMPROBIDADE ADMINISTRATIVA

— Doutrina e Jurisprudência —

livraria DO ADVOGADO editora

Porto Alegre, 2020

(edição finalizada em julho/2019)

Capa, projeto gráfico e diagramação
Livraria do Advogado Editora

Revisão
Rosane Marques Borba

Direitos desta edição reservados por
Livraria do Advogado Editora
Rua Riachuelo, 1334 s/105
90010-273 Porto Alegre RS
Fone: (51) 3225-3311
editora@doadvogado.com.br
www.doadvogado.com.br

Impresso no Brasil / Printed in Brazil

Dedico este trabalho a minha filha, Laura Baum, que hoje, com oito anos de idade, se pouco ou quase nada entende sobre Improbidade Administrativa, sabe muito sobre os valores tutelados por esta lei.

Agradeço a todos os amigos que comigo convivem, em especial, à Sandra Wunsch, ao Jader Marques e à Eduarda Urach.

À Sascha Cristina Ahmad, pela importante contribuição nas revisões bibliográficas e na pesquisa.

À minha esposa, Liziane Baum, pelas opiniões, sugestões e contribuições que trouxe dos seus mais de 15 anos de vida pública.

Prefácio

Sísifo, personagem da mitologia grega, por ter enganado Zeus, foi amaldiçoado com a punição de ter que rolar uma pedra enorme até o cimo de uma montanha, sendo que, toda vez que estivesse próximo do objetivo, a pedra rolava novamente para o ponto de partida, tornando sem efeito todo o esforço despendido. Por toda a eternidade, Sísifo foi condenado a repetir o mesmo trabalho árduo e sem nenhuma possibilidade de alcançar o topo com a pedra.

A vida contemporânea pode ser descrita como um "trabalho de Sísifo". Acordar pela manhã todos os dias no mesmo horário, fazer as mesmas coisas, sair para um dia inteiro de trabalho entediante e repetitivo, retornar à noite para casa, dormir e acordar no dia seguinte para realizar tudo novamente. Sem qualquer reflexão em torno do sentido da vida ou da existência, o homem dos dias atuais parece carregar todos os dias a pedra para o alto da montanha, esforço que será repetido nos dias seguintes, invariavelmente.

Albert Camus, em 1941, ao lançar o ensaio "O mito de Sísifo", no qual introduz a sua filosofia do absurdo, propõe, no último capítulo, exatamente essa metáfora sobre a vida humana na atualidade, especialmente quando afirma que o operário trabalha todos os dias de sua vida, fazendo as mesmas tarefas, num destino trágico apenas em raros momentos percebido. Por isso, a expressão "Trabalho de Sísifo" acaba sendo utilizada para indicar alguma tarefa com grande e repetitivo esforço que seja, inevitavelmente, fadada ao insucesso.

O professor Adler Baum é um anti-Sísifo.

Em primeiro lugar, chego a pensar que, com a inteligência, força de vontade e capacidade de entrega do Adler, mesmo com a maldição de Zeus, a pedra seria colocada no alto da montanha. Por outro lado, se eu bem conheço meu querido colega e sócio de tantos anos, ele largaria esse negócio de rolar pedra e iria fazer algo de útil, produtivo, realmente vantajoso para si ou para outrem. Ao contrário do personagem da mitologia, quando Adler Baum se propõe a realizar qualquer trabalho, mesmo que seja árduo, difícil, cansativo, temos a certeza de que chegará ao final. Mas, para além de terminar a tarefa, temos também a certeza de que será algo importante, bem feito e muito proveitoso.

Por isso, afirmo que este livro é um legítimo "Trabalho de Adler".

Apesar de toda a carga diária de trabalho, com muita disciplina e método, o autor soube encontrar tempo para escrever um livro extremamente útil e inteiramente voltado para aqueles que atuam profissionalmente com a matéria da improbidade administrativa. Desde o início, Adler entendeu que não bastaria, simplesmente, enfrentar os pontos normalmente tratados nesse tipo de trabalho. Era necessário, indispensável, fundamental, selecionar aqueles tópicos mais relevantes e atuais sobre o tema e trazê-los numa apresentação fácil, prática, estruturada de forma inovadora.

Este livro contém a melhor doutrina e a mais atualizada jurisprudência sobre improbidade administrativa, trazendo as contribuições de um professor e advogado com larga experiência no direito público.

A obra "COMENTÁRIOS À LEI DE IMPROBIDADE ADMINISTRATIVA: Doutrina e Jurisprudência" é um daqueles livros indispensáveis para quem atua com a matéria, especialmente no âmbito da advocacia, mas não apenas, pois todos aqueles que se interessam pelo tema encontrarão nesse livro um guia seguro para uma prática bem orientada e dogmaticamente sólida.

Como o próprio autor destaca, o objetivo principal foi criar um material de consulta e ferramenta de trabalho para os operadores do direito, o que pode ser percebido exatamente no sistema organizacional, com a inovadora apresentação de comentários artigo por artigo, com os aportes doutrinários e jurisprudenciais.

Adler Baum é um cientista atento à dogmática e ao posicionamento dos Tribunais, mas tem escola crítica e, por isso, não deixou de fazer apontamentos críticos, trazendo importantes discussões, opiniões, posições, muitas vezes, contrariando o senso comum teórico dos juristas reprodutores de conceitos, tão comuns nessa quadra do tempo em nosso País.

Termino, dizendo que me sinto muito honrado por estar apresentando o livro de um amigo fiel de tantas jornadas, companheiro de tantas batalhas, sócio do escritório e da vida vivida em comunhão de esforços e vontades, irmão que escolhi para enfrentar o céu e o inferno da advocacia artesanal.

Aos leitores, deixo registrada minha certeza de que a leitura desta obra não será uma atividade de Sísifo, mas, ao contrário, será uma jornada de aprendizado, crescimento e aperfeiçoamento pessoal e profissional.

Aproveitem!

Mais não digo.

Prof. Dr. Jader Marques

Você tem palacete reluzente
Tem joias e criados à vontade
Sem ter nenhuma herança nem parente
Só anda de automóvel na cidade
E o povo já pergunta com maldade:
Onde está a honestidade?
Onde está a honestidade?

O seu dinheiro nasce de repente
E embora não se saiba se é verdade
Você acha nas ruas diariamente
Anéis, dinheiro e até felicidade
E o povo já pergunta com maldade
Onde está a honestidade?
Onde está a honestidade?

Vassoura dos salões da sociedade
Que varre o que encontrar em sua frente
Promove festivais de caridade
Em nome de qualquer defunto ausente
E o povo já pergunta com maldade
Onde está a honestidade?
Onde está a honestidade?

Noel Rosa

Sumário

Introdução

A diferenciação, como ferramenta de conhecimento, é uma noção que acompanha o homem ao longo dos tempos. Bem e Mal, Justo e Injusto, Legal e Ilegal, enfim, são apenas alguns conceitos sobre os quais a sociedade se debruçou para construir alicerces de vida.

A probidade é mais um desses conceitos trazidos para o ramo do direito com o objetivo de regrar condutas, comportamentos, posturas à frente da coisa pública. Retidão, integridade, honradez, caráter são apenas algumas das qualidades inerentes à figura de quem é probo.

Em 1992, foi publicada a Lei de Improbidade Administrativa (Lei nº 8.429) que trouxe regramentos mínimos e, filosoficamente falando, na contramão de uma universalidade, acabou por conceituar preceitos éticos e morais. Mas, enfim, não é possível ignorar a cultura romano-germânica e a forma, digamos peculiar, de um positivismo jurídico à moda brasileira.

Os Comentários à Lei de Improbidade Administrativa aqui propostos têm como objetivo servir de material de consulta e ferramenta de trabalho. Não foi construído com a pretensão de se constituir em marco referencial teórico sobre o tema. O sistema organizacional já revela uma apresentação de artigo por artigo, com aportes doutrinários e jurisprudenciais, ou seja, uma ferramenta a serviço daqueles que, diariamente, deparam-se com dilemas acerca da matéria.

É verdade que, mesmo dentro de um propósito eminentemente prático, não se descurou a proposta de fazer apontamentos críticos, trazer discussões, opiniões, posições, por vezes, na contramão de um senso comum teórico instalado em um sistema velho de reproduções de sentidos de coisas que, há muito, já não fazem mais sentido algum.

Fica, aqui, meu convite para uma imersão sobre as sinuosas curvas da improbidade administrativa no direito brasileiro. Boa leitura!

Artigo 1°

Os atos de improbidade praticados por qualquer agente público, servidor ou não, contra a administração direta, indireta ou fundacional de qualquer dos Poderes da União, dos Estados, do Distrito Federal, dos Municípios, de Território, de empresa incorporada ao patrimônio público ou de entidade para cuja criação ou custeio o erário haja concorrido ou concorra com mais de cinqüenta por cento do patrimônio ou da receita anual, serão punidos na forma desta lei.

Parágrafo único. Estão também sujeitos às penalidades desta lei os atos de improbidade praticados contra o patrimônio de entidade que receba subvenção, benefício ou incentivo, fiscal ou creditício, de órgão público bem como daquelas para cuja criação ou custeio o erário haja concorrido ou concorra com menos de cinqüenta por cento do patrimônio ou da receita anual, limitando-se, nestes casos, a sanção patrimonial à repercussão do ilícito sobre a contribuição dos cofres públicos.

1. Comentários

Inicialmente, importa referir que a improbidade administrativa configura um ato ilícito, de natureza civil, como uma modalidade de violação qualificada dos princípios da administração pública. O que se quer dizer com isso é que nem toda a violação civil, regimental, estatutária, resulta em improbidade administrativa.[1]

É possível, sim, por exemplo, que uma conduta (ação ou omissão) viole os princípios que regem a administração pública ou acarretem danos e, ainda assim, não restar configurada a improbidade administrativa, senão uma infração cível ou disciplinar a ser apurada pelas esferas competentes.

[1] Segundo Marçal Justen Filho, "Para que se configure a improbidade, é necessário que a infração produza efeitos danosos sérios e relevantes. Se a infração não prejudicar, de modo consistente, interesses, bens ou direito da Administração, não se configura improbidade. Mas também existe a improbidade quando a vontade do sujeito for conscientemente orientada à violação da ordem jurídica para obtenção de resultados indevidos. Exige-se a presença de um elemento subjetivo gravemente reprovável, consistente no dolo, ou na culpa grave nos casos do art. 10 da Lei 8.429/1992. (JUSTEN FILHO, Marçal. *Curso de Direito Administrativo.* 12ª ed. São Paulo: Revista dos Tribunais, 2016, p. 933)

A classificação da conduta como ímproba ou irregular, ilegal, sem os contornos da lei de improbidade administrativa, envolve uma questão complexa de decidibilidade.[2] O paradigma a ser adotado nesse processo decisional é de matriz filosófica e não normativa da interpretação, repisando o argumento de que a interpretação não reproduz sentidos preexistentes, a vontade do legislador[3] ou o espírito da lei como se fosse um processo de desvelamento do ser, mas sempre produz sentidos, isso tudo de uma forma responsável, já que "o produto da atribuição de sentido a um texto não pode significar que o intérprete esteja autorizado a dizer qualquer coisa sobre qualquer coisa"[4] e que "Entre texto e norma há sim uma diferença que é ontológica".[5]

A falta de taxatividade das condutas ímprobas, ao tempo em que não oferece garantia e previsibilidade ao acusado, também não pode representar uma carta branca ao autor da ação para que proponha, de forma discricionária, ações de improbidade. Há, inegavelmente, a fixação de uma moldura que possui uma série de interpretações possíveis, não devendo "[...] conduzir a uma única solução como sendo a única correta, mas possivelmente a várias soluções que – na medida em que apenas sejam aferidas pela lei a aplicar – têm igual valor, sem bem que apenas um delas se torne direito positivo no ato do órgão aplicador do Direito (...)".[6]

Temos que as balizas que distinguem uma da outra está na observância da honestidade e da ética. Um erro administrativo pode causar dano ao erário e não, necessariamente, configurar um ato de improbidade se dessa conduta não se extrair atentado ao dever de honestidade. Exige-se, pois, má-fé, desonestidade, deslealdade, corrupção, afastando-se, por completo, da LIA, meras irregularidades ou inabilidades (AgInt no AREsp 838141/MT AGRAVO INTERNO NO AGRAVO EM RECURSO ESPECIAL 2015/0277875-0, STJ, Dje 03/12/2018).

---

[2] Conforme leciona Ferraz Júnior, "(...) seja qual for o objeto que determinemos para a Ciência do Direito, ele envolve a questão da decidibilidade. Toda a ciência tem um objeto. Mas seja quais forem o objeto e a ciência, uma preocupação máxima a envolve, que se caracteriza com sua questão peculiar. Referimo-nos à alternativa verdadeiro ou falso. Uma investigação científica sempre faz frente ao problema da verdade. Admitimos, assim, que toda a ciência pretende obter enunciados independentes da situação em que são feitos á medida que aspiram a uma validade *erga omnes*. (FERRAZ JR., Tercio Sampaio. *A Ciência do Direito*. São Paulo: Atlas. 1980, p. 42-3)

[3] Segundo Gadamer, "é evidente que uma hermenêutica jurídica séria não pode contentar-se em utilizar como cânon de interpretação o princípio subjetivo da opinião e a intenção originária do legislador" (GADAMER, Hans-Georg. *Verdade e Método*. 2º vol. Rio de Janeiro: Vozes. 2002, p. 465).

[4] STRECK, Lenio Luiz. *Hermenêutica Jurídica e(m) Crise*: uma exploração hermenêutica da construção do direito. Porto Alegre: Livraria do Advogado. 2011, p. 400.

[5] STRECK, Lenio Luiz. *A Diferença Ontológica (entre texto e norma) como blindagem contra o relativismo no processo interpretativo*. Belo Horizonte: RBEP. Jan-jun, 2004, p. 131.

[6] KELSEN, Hans. *Teoria Pura do Direito*. São Paulo: Martins Fontes. 2000, p. 391.

Maiores considerações sobre condutas que configuram atos de improbidade serão trazidas quando da análise dos artigos 9º, 10 e 11 da LIA.

2. Apontamentos sobre previsão dolosa ou culposa

Segundo a doutrina e a jurisprudência, a lei de improbidade traz previsões dolosas[7] (arts. 9º, 10 e 11) e culposas[8] (art. 10). Admite-se a modalidade culposa de improbidade administrativa, assim entendido a imprudência, negligência ou imperícia no exercício da função pública.[9]

Por evidente, não se há de confundir erros administrativos com prática culposa de improbidade. Para além de um erro, exige-se uma qualificação da culpa moldada por desonestidade, deslealdade, ineficiência, erro grosseiro, má-fé.

O erro sugere uma recomendação, admoestação, advertência, ajuste de conduta. Da reiteração, do descumprimento, da deslealdade para o que foi acordado é que se pode extrair eventual ato culposo de improbidade administrativa.

Claro que, quando se está a falar em erro (imprudência, negligência, imperícia), nos moldes antes referidos, fala-se de erros decor-

---

[7] Valendo-se do conceito doloso que mais se aproxima da improbidade, tome-se emprestado a definição de dolo para Juarez Cirino dos Santos: "o dolo, conforme um conceito generalizado, é a vontade consciente de realizar um crime, ou, mais tecnicamente, o tipo objetivo de um crime, também definível como saber e querer em relação as circunstâncias de fato de um tipo penal. Assim, o dolo é composto de um elemento intelectual (consciência no sentido de representação psíquica) e de um elemento volitivo (vontade no sentido de decisão de agir) como fatores formadores da ação típica dolosa"(CIRINO DOS SANTOS, Juarez. *A Moderna Teoria do Fato Punível.* Rio de Janeiro: revan. 2002, p. 54).

[8] Ressalte-se ainda que, em interpretação jurisprudencial, o Superior Tribunal de Justiça definiu que apenas os atos de improbidade que causam dano ao erário (art. 10) podem ser sancionados a título de dolo ou culpa, sendo os demais atos de improbidade sancionados somente se comprovada a má-fé do agente, ou seja, a atuação dolosa, conforme julgado acima transcrito. Isso porque, em interpretação sistemática do texto legal, a Corte entendeu que os atos culposos estão expressamente delimitados pela lei e, quando, o texto legal é silente, só se admite a sanção a título de dolo. (CARVALHO, Matheus. *Manual de direito administrativo.* 3. ed. rev. ampl. e atual. Salvador: Juspodivm, 2016, p. 942)

[9] "Os tipos culposos da improbidade descendem já da própria Constituição Federal. Nesta, não há restrição alguma à improbidade culposa. Ao contrário, há reforço no sentido da necessária proteção dos valores "eficiência" ou "economicidade", ao abrigo da moral administrativa e de princípios expressos nos arts. 37 ou 70 da CF. Forte no princípio democrático, a LGIA optou pela eleição da improbidade administrativa culposa como modalidade de ilícito. Não desrespeitou o comando do art. 37, §4º, da CF, que prevê uma série de sanções aos atos ímprobos, porque o castigo reservado ao ilícito culposo haverá, como ocorre nos demais tipos de ilícitos, de ser balanceado e ponderado, em consonância com o postulado ou princípio da proporcionalidade. Já manifestamos entendimento quanto à constitucionalidade da improbidade culposa, refutando argumentação em sentido oposto, basicamente porque, desde uma perspectiva conceitual, a improbidade não se confunde com desonestidade [...]" (OSÓRIO, Fábio Medina. *Teoria da improbidade administrativa.* 2. ed. São Paulo: Revista dos Tribunais, 2010, p. 231).

rentes da finitude e da imperfeição humana. Em se tratando de erro crasso, inescusável, não há óbice para que, mesmo uma conduta isolada, possa caracterizar ato de improbidade administrativa.

Ainda, estabeleceu o artigo 28 da Lei nº 13.655/18 que "o agente público responderá pessoalmente por suas decisões ou opiniões técnicas em caso de dolo ou erro grosseiro".

A novel disposição da LINDB irradia efeitos interpretativos acerca do texto contido no artigo 10 da LIA, isso porque enumera o pressuposto da responsabilização do agente público (que decide ou emite opinião técnica), taxativamente, ou seja, o dolo e o erro grosseiro, afastando-se a responsabilização por culpa *stricto sensu*.

Conforme entendimento jurisprudencial do STJ, "improbidade é ilegalidade tipificada e qualificada pelo elemento subjetivo, sendo 'indispensável para a caracterização de improbidade que a conduta do agente seja dolosa para a tipificação das condutas descritas nos artigos 9º e 11 da Lei nº 8.429/1992, ou, pelo menos, eivada de culpa grave nas do artigo 10 (AIA 30/AM, Rel. Ministro Teori Albino Zavascki, Corte Especial, DJe 28/9/2011)". (AgInt no AREsp n. 672.248/CE, Rel. Ministro Gurgel de Faria, Primeira Turma, julgado em 16/8/2018, DJe 20/9/2018).

3. Delineamentos acerca da culpa grave

Seria uma tarefa hercúlea debruçar-se sobre os inúmeros casos já examinados em que se discutiu a existência ou não de culpa grave para fins de punição por ato de improbidade administrativa. Maus investimentos de valores referentes a fundos próprios de previdência, declaração indevida de bens inservíveis, equívocos em sistemas fazendários que possam ter causado prejuízo ao ente público, não cobrança da dívida ativa, dentre outros.

Afinal, o que caracteriza a culpa grave que se distingue de erro administrativo? O primeiro ponto repousa, justamente, na escusabilidade desse erro. Abdica-se, aqui, da leitura simplista e epidérmica a partir da figura do "homem médio", "do senso comum",[10] "do conhecimento mediano".

[10] Warat, ao tratar do tema, assevera que "os processos significativos do direito apresentam-se como um conjunto heterogêneo de hábitos semiológicos de referência (senso comum teórico) e de discursos organizados a partir de tais hábitos. Ou seja, os primeiros operam como um código para as enunciações jurídicas. Metaforicamente, caracterizamos o senso comum teórico como a voz 'off'do direito, como uma caravana de ecos legitimadores de um conjunto de crenças, a partir das quais podemos dispensar o aprofundamento das condições e das relações que tais crenças modificam. (WARAT, Luis Alberto. *Epistemologia e Ensino do Direito*: o sonho acabou. Florianópolis: Fundação Boiteux. 2004, p. 31-2).

É preciso, antes de dirigir uma ação de improbidade por ato culposo contra alguém, averiguar, investigar, apurar, não só a conduta (ação ou omissão) mas as complexidades do mundo e do sistema.[11] Importa investigar, por exemplo, se o feixe de atribuições para aquele cargo e para aquela formação não estava inflacionado, inchado, ou seja, se não se estava a exigir muito conhecimento para a formação do cargo.

Outra questão de subida importância é analisar se o órgão público tem investido em formação continuada dos ocupantes dos cargos públicos e se aquela conduta culposa não decorre, exatamente, da falta de atualização administrativa, técnica ou mesmo política.

Ocupantes de cargos públicos, regra geral, cumprem jornada de trabalho de vinte, trinta, quarenta horas semanais. Fato notório, a realização de cursos, bem como o pagamento dos custos, dependem de orçamento e liberação da chefia.

A administração que não se preocupa hoje na formação continuada de seus colaboradores não pode, amanhã, puni-los por um erro que decorre, exatamente, da falta de atualização que ela não forneceu diretamente ou por terceira pessoa, física ou jurídica.

Por conta dessas peculiaridades, não se admite construir, para fins de ato de improbidade, a figura do "conhecimento médio", sob pena de se cometer a injustiça de comparar, na teoria, coisas incomparáveis na prática.[12] Cabe ao autor da ação de improbidade instruir a inicial com prova documental, atestando que aquele faltante podia e devia agir, que lhe era exigível aquele conhecimento específico a partir de sua formação e das atualizações fornecidas pelo órgão público, ou ainda, a negativa de servidor em realizar ou se submeter a qualquer uma delas.

Para além disso, o histórico probatório, a prova testemunhal, a visão do entorno sobre o servidor são informações valorosas para fins de qualificação do ato culposo como improbidade administrativa.

---

[11] Como refere Luhmann, "uma das características importantes dum sistema é a relação com a complexidade do mundo. Por complexidade deve entender-se a totalidade das possibilidades que se distinguem para a vivência real – quer seja no mundo (complexidade do mundo) quer seja num sistema (complexidade do sistema)" (LUHMANN, Niklas. *Legitimação pelo Procedimento*. Brasília: Universidade de Brasília. 1980, p. 39).

[12] Juarez Cirino dos Santos, ao tratar sobre os tipos de imprudência, assevera: "A definição de imprudência se fundamenta em critérios objetivos e pressupõe uma relação de correspondência com a capacidade individual do ser humano, em geral; não obstante, a capacidade individual do cidadão pode, concretamente, ser inferior (um motorista com visão fraca, por exemplo) ou superior (o motorista é piloto de corridas) à medida pressuposta na definição. A variação da capacidade individual em relação à medida da definição de imprudência está na origem da controvérsia sobre a localização sistemática dessas diferenças pessoais: se as diferenças de capacidade individual devem ser consideradas na culpabilidade, segundo o critério da generalização, ou se devem ser consideradas no tipo de injusto, conforme o critério da individualização" (CIRINO DOS SANTOS, Juarez. *A Moderna Teoria do Fato Punível*. Rio de Janeiro: revan. 2002, p. 87).

4. A classificação da culpa *lato sensu* a partir do desvalor do resultado

Existe um sistema altamente perverso, praticado no Brasil, de exame da conduta (dolo ou culpa) a partir do resultado. Conforme for a dimensão do prejuízo, credita-se, ou não, ato de improbidade ao ocupante de cargo público. Essa leitura diz mais sobre a improbidade praticada por quem assim a classifica do que sobre o ato que se está a examinar.

Definitivamente, não é da dimensão do dano que se extrai erro administrativo ou ato de improbidade. Uma queda de viaduto, por erro técnico, pode ou não representar ato de improbidade administrativa. O fato de ter custado muito ou pouco à administração, de haver ou não óbitos decorrentes do acidente, não são elementares de uma conduta ímproba culposa. É preciso examinar, a partir do que antes foi dito, a exigibilidade daquela conduta, a formação do ocupante do cargo público, a causa do acidente, a previsibilidade do resultado, dentre outras questões.

Uma construção ideológica e política da improbidade, por vezes, se sobrepõe a uma análise técnica, jurídica, ensaiando uma verdadeira cegueira[13] ao contraponto e à diversidade. No Brasil, principalmente, "[...] essa prática de desvio das normas legais para alcançar o fim desejado elevou-se de um modo tal, que resultou na criação de uma instituição paralegal altamente cotada e conhecida como 'o jeito'".[14]

A conduta deve ser examinada e auditada a partir dos conceitos de dolo e culpa sem manipulações interpretativas de modo a acomodar, por vezes, o clamor público, o senso comum, as divergências instauradas no âmbito político. Interpretar deve ser um ato de justiça, e não de conveniência.

5. A textura aberta[15] e as modalidades típicas da improbidade administrativa

Oportuno referir que a lei de improbidade administrativa não encerra um rol taxativo de condutas ímprobas.

---

[13] SARAMAGO, José. *Ensaio sobre a cegueira*. São Paulo: Companhia das Letras, 1995.

[14] ROSEN, Keith S. *O Jeito na Cultura Jurídica Brasileira*. Rio de Janeiro: Renovar. 1998, p. 13.

[15] Hart faz uma análise sobre o poder discricionário diante de conceitos indeterminados que, em sua obra, denominou textura aberta: "O poder discricionário que assim lhe é deixado pela linguagem pode ser muito amplo; de tal forma que, se ela aplicar a regra, a conclusão constitui na verdade uma escolha, ainda que possa não ser arbitrária ou irracional. A pessoa opta por acrescentar a uma série de casos um caso novo, por causa das semelhanças que podem razoavelmente ser consideradas, quer como juridicamente relevantes, quer como suficientemente próximas. No caso das regras jurídicas, os critérios de relevância e de proximidade da semelhança

Diferentemente do que ocorre no direito penal, não se aplica, para fins de improbidade, o *nullum crimen, nulla poena sine praevia lege*. Tangenciando-se toda uma leitura de tipo como garantia,[16] entende a doutrina e a jurisprudência que é possível caracterizar outras condutas como improbidade administrativa para além daquelas enumeradas nos artigos 9º, 10 ou 11 da LIA.[17]

Certo é que, estabelecidas ou não nos dispositivos legais, todas, absolutamente todas as imputações por ato de improbidade devem vir amplamente descritas, por meio de pedido certo (art. 322 do CPC), determinado (art. 324 do CPC), a ser interpretado a partir do conjunto da postulação observada a boa-fé (art. 322, § 2º, do CPC).

É possível dizer que a inicial de improbidade deve-se aproximar, sobremaneira, de uma denúncia criminal, com os requisitos do artigo 41 do CPP, a fim de que o fato delituoso (improbidade) seja descrito com todas as suas circunstâncias.[18]

Nada obsta, é verdade, que a ação de improbidade administrativa traga em seu bojo pedidos subsidiários (art. 326 do CPC), ou seja, "um pedido em ordem subsidiária, a fim de que o juiz conheça do

---

dependem de factores muito complexos que atravessam o sistema jurídico e das finalidades ou intenção que possam ser atribuídos a regra. Seja qual for o processo escolhido, precedente ou legislação, para a comunicação de padrões de comportamento, estes, não obstante a facilidade com que actuam sobre a grande massa de casos correntes, revelar-se-ão como indeterminados em certo ponto em que a sua aplicação esteja em questão; possuirão aquilo que foi designado como textura aberta" (HART, Herbert L.A. *O Conceito de Direito*. Lisboa: Fundação Calouste Gulbenkian. 1961, p. 170).

16 Para Heleno Cláudio Fragoso, desempenha o tipo duas funções. A primeira é uma função de garantia; a segunda é a função de fundamentar a ilicitude (antijuridicidade) do fato. Realmente, o Direito Penal atribui ao tipo um sentido peculiar, em virtude do princípio da reserva legal, que é postulado de natureza política, inscrito nas constituições de todos os regimes liberais. Por isso se afirma, corretamente, que a função primacial do tipo é de garantia (FRAGOSO, Heleno Cláudio. *Lições de Direito Penal*: Parte Geral. São Paulo: Bushatsky, 1976. p.171/172).

17 "Um tópico merecedor de destaque, nesse cenário, diz respeito à abertura da LGIA para uma enorme quantidade de modelos de condutas proibidas, a partir de processos interpretativos quase infinitos. É verdade que a sistemática normativa em exame permite tanto à jurisprudência quanto à doutrina enormes espaços criativos, para fins de estipular referenciais de condutas transgressoras, estatuindo procedentes e fixando exemplos. A liberdade dos intérpretes parece notável diante dos tipos contemplados na LGIA, mas existem limites que devem ser respeitados. Forçoso, portanto, indicar parâmetros que reduzam os níveis de insegurança jurídica imanentes a essa lógica principialista que domina a interpretação da LGIA, aparentemente pródiga no aceitar os arroubos dos juristas e suas criativas invenções". (OSÓRIO, Fábio Medina. *Teoria da improbidade administrativa*. 2. ed. São Paulo: Revista dos Tribunais, 2010, p. 213)

18 "É uma exposição narrativa e demonstrativa. Narrativa, por que deve revelar o fato com todas as suas circunstâncias, isto é, não só a ação transitiva, como a pessoa que a praticou (Quis), os meios que empregou (Quibus Auxiliis), o malefício que produziu (Quid), os motivos que o determinaram a isso (Cur), a maneira porque a praticou (Quomodo), o lugar onde a praticou (Ubi), o tempo (Quando). Demonstrativa, porque deve descrever o corpo de delito, dar as razões de convicção ou presunção e nomear as testemunhas e informantes. (ALMEIDA JÚNIOR, João Mendes de. *O Processo Criminal Brasileiro*. 3. ed., p. 195).

posterior, quando não acolher o anterior". Não havendo incompatibilidade entre os pedidos, de modo que um exclua o outro, é possível que o autor da ação de improbidade vise ao reconhecimento da prática do artigo 9º ou, subsidiariamente, caso não reconhecido, que busque a condenação pela prática do artigo 11.[19]

Ao final de tudo, não se olvide a redação do artigo 492 do CPC, que preconiza que: "É vedado ao juiz proferir decisão de natureza diversa da pedida, bem como condenar a parte em quantidade superior ou em objeto diverso do que lhe foi demandado". Isso quer dizer que, em não havendo pedido subsidiário na inicial, é defeso ao juízo, por exemplo, atender pleito diverso em sede de memoriais ou mesmo, *ex officio*, condenar o réu por fato diverso do constante da peça vestibular.

6. O erro de proibição

O número de leis, a complexidade das redações, a falta de unificação acerca de entendimentos, a diversidade de interpretações razoáveis, podem ser fatores determinantes para a ocorrência de erro de proibição,[20] ou seja, uma falsa percepção da lei ou erro sobre seu conteúdo e os graus de permissibilidade nela contidos.

Preconiza o artigo 21 do Código Penal que: "O desconhecimento da lei é inescusável", mas que: "O erro sobre a ilicitude do fato, se inevitável, isenta de pena; se evitável, poderá diminuí-la de um sexto a um terço". Da redação do parágrafo único do dispositivo penal, extrai-se: Considera-se evitável o erro se o agente atua ou se omite sem a consciência da ilicitude do fato, quando lhe era possível, nas circunstâncias, ter ou atingir essa consciência. A redação enriquece o debate e exame sobre a existência do ato de improbidade.

---

[19] "Cabe ainda observar que os blocos normativos da LGIA, como se pode perceber, pela singela leitura, relacionam-se intimamente. Estamos no interior de um sistema normativo estruturado. É natural que uma conduta enquadrado em um dos tipos do art. 9º acabe agredindo o art. 10. E é necessário que qualquer tipo de improbidade administrativa gere uma agressão ao art. 11, porque toda improbidade administrativa pressupõe uma lesão material aos princípios e regras que presidem a Administração Pública, em conjunto com a agressão às normas setoriais aplicáveis ao caso. É plausível, portanto, que uma conduta possa chegar a ser desclassificada de um tipo e classificada em outros, dependendo da exclusão dos elementos que se especializem. (OSÓRIO, Fábio Medina. *Teoria da improbidade administrativa.* 2. ed. São Paulo: Revista dos Tribunais, 2010, p. 218)

[20] Ensina Luiz Flávio Gomes: "A consciência da ilicitude é pressuposta 'em todos os casos em que a antijuridicidade do fato é evidente e o autor é adulto e plenamente capaz de culpabilidade'. Pode ocorrer que o agente, no entanto, ao praticar o injusto penal, não atue com a consciência atual e inequívoca da ilicitude do fato: nesta hipótese ele está incidindo em erro mais precisamente, em erro sobre a proibição. Erro de proibição, em suma, é erro do agente que recai sobre a ilicitude do fato (CP, art. 21), isto é, o agente supõe que sua conduta é permitida pelo Direito quando, na verdade, é proibida (...)" (GOMES, Luiz Flávio. *Erro de Tipo e Erro de Proibição.* São Paulo: Revista dos Tribunais. 1999, p. 131).

É preciso observar a prática do ato a partir da "consciência da ilicitude do fato" quando lhe era possível, nas circunstâncias, ter ou atingir essa consciência.

Ainda existem cargos na administração pública que exigem ensino fundamental e que, não raro, trazem no bojo de suas atribuições, questões muito mais complexas do que o alcance da formação exigida estaria a atingir. Isso também ocorre com o ensino médio e com o superior, em especial, naqueles casos em que se exige do cargo técnico uma especialidade decisional que transborda da sua formação.

A LINDB veio a coroar essa leitura com o artigo 28, que preconiza: "O agente público responderá pessoalmente por suas decisões ou opiniões técnicas em caso de dolo ou erro grosseiro".

Em um exame de tipicidade conglobante,[21] a consciência da ilicitude passa ser elemento de tipicidade. Se há uma falsa percepção sobre o elemento de ilicitude, não se configurando a mesma um erro grosseiro, não se há de falar em dolo para fins de punição por improbidade.

7. O sujeito ativo de condutas de improbidade administrativa

Podem ser sujeitos ativos de ato de improbidade administrativa tanto pessoas físicas quanto jurídicas. Em relação às pessoas físicas, particulares, estagiários,[22] servidores públicos e agentes políticos, podem praticar conduta ímproba e virem a figurar no polo passivo de uma ação que vise à condenação na forma da Lei nº 8.429/92. Quanto

---

[21] Para Zaffaroni e Pierangeli, a tipicidade conglobante é um corretivo da tipicidade legal, posto que pode excluir do âmbito do típico aquelas condutas que apenas aparentemente estão proibidas (...). Ainda, referem os autores que "a função desse segundo passo do juízo de tipicidade penal será, pois, reduzi-la a verdadeira dimensão daquilo que a norma proíbe, deixando fora da tipicidade penal aquelas condutas que somente são alcançadas pela tipicidade legal, mas que a ordem normativa não quer proibir, precisamente porque as ordena ou as fomenta". (ZAFFARONI, Eugênio Raul. PIERANGELI, José Henrique. *Manual de Direito Penal Brasileiro*: parte geral. São Paulo: Revista dos Tribunais. 2011, p. 400).

[22] Segundo STJ, "O estagiário que atua no serviço público, ainda que transitoriamente, remunerado ou não, está sujeito a responsabilização por ato de improbidade administrativa (Lei 8.429/1992). De fato, o conceito de agente público, constante dos artigos 2º e 3º da Lei 8.429/1992 (Lei de Improbidade Administrativa), abrange não apenas os servidores públicos, mas todo aquele que exerce, ainda que transitoriamente ou sem remuneração, por eleição, nomeação, designação, contratação ou qualquer outra forma de investidura ou vínculo, mandato, cargo, emprego ou função na Administração Pública. Assim, na hipótese em análise, o estagiário, que atua no serviço público, enquadra-se no conceito legal de agente público preconizado pela Lei 8.429/1992. Ademais, as disposições desse diploma legal são aplicáveis também àquele que, mesmo não sendo agente público, induza ou concorra para a prática do ato de improbidade ou dele se beneficie sob qualquer forma, direta ou indireta. Isso porque o objetivo da Lei de Improbidade não é apenas punir, mas também afastar do serviço público os que praticam atos incompatíveis com o exercício da função pública. REsp 1.352.035-RS, Rel. Min. Herman Benjamin, julgado em 18/8/2015, DJe 8/9/2015".

às pessoas jurídicas, também podem elas praticar atos de improbidade e ficarem sujeitas às penas da lei.

8. O sujeito passivo de condutas de improbidade administrativa

Como refere o artigo 1°, sofrem com a conduta de improbidade a administração direta, indireta ou fundacional de qualquer dos Poderes da União, dos Estados, do Distrito Federal, dos Municípios, de Território, de empresa incorporada ao patrimônio público ou de entidade para cuja criação ou custeio o erário haja concorrido ou concorra com mais de cinquenta por cento do patrimônio ou da receita anual. Ainda, a lei tutela o patrimônio de entidade que receba subvenção, benefício ou incentivo, fiscal ou creditício, de órgão público bem como daquelas para cuja criação ou custeio o erário haja concorrido ou concorra com menos de cinquenta por cento do patrimônio ou da receita anual, limitando-se, nestes casos, a sanção patrimonial à repercussão do ilícito sobre a contribuição dos cofres públicos.

Por exclusão, afasta-se a aplicação da LIA aos casos de desvios em sociedades privadas que não se enquadrem na moldura prevista no artigo em comento.[23]

9. O *intraneus* e o *extraneus*

É de extrema importância a ligação entre o *intraneus* (servidor) e o *extraneus* (o estranho, o terceiro, o particular pessoa física ou jurídica) para o estudo do ato de improbidade administrativa. É entendimento consolidado do Superior Tribunal de Justiça que "é inviável a propositura de ação civil de improbidade administrativa exclusivamente contra o particular, sem a concomitante presença de agente público no polo passivo da demanda. Acórdãos AgRg no AREsp 574500/PA, Rel. Ministro HUMBERTO MARTINS, SEGUNDA TURMA, Julgado em 02/06/2015, DJE 10/06/2015, REsp 1282445/DF, Rel. Ministro

[23] Colhe-se da doutrina que: "Também é possível que o desempenho de certas atividades seja delegado a pessoas jurídicas de direito privado que não integram a Administração Pública. É o caso dos concessionários e permissionários de serviços públicos (*v.g.*: transporte urbano de passageiros, serviço de telefonia etc.). A caracterização, ou não, desses entes como sujeitos passivos em potencial dos atos de improbidade exigirá o seu enquadramento no art. 2º da Lei n. 8.429/1992. Como não integram a Administração Pública, tal somente ocorreria caso o Poder Público lhes transferisse recursos. Ocorre que, na sistemática da Lei n. 8.987/1995, esses serviços costumam ser remunerados por meio de tarifa, contraprestação pecuniária devida pelo seu uso, de natureza não compulsória e que não tem origem pública, isso sem olvidar a possibilidade de o concessionário ou permissionário obter outros recursos complementares a partir de suas atividades (*v.g.*: permitindo a divulgação de propaganda comercial em seus bens). Sob essa ótica, não é possível o enquadramento desses entes na Lei n. 8.429/1992". (GARCIA, Emerson; ALVES, Rogério Pacheco. *Improbidade administrativa*. 7. ed. São Paulo: Saraiva, 2013, p. 288)

NAPOLEÃO NUNES MAIA FILHO, PRIMEIRA TURMA, Julgado em 24/04/2014, DJE 21/10/2014; REsp 1409940/SP, Rel. Ministro OG FERNANDES, SEGUNDA TURMA, Julgado em 04/09/2014, DJE 22/09/2014 REsp 1171017/PA, Rel. Ministro SÉRGIO KUKINA, PRIMEIRA TURMA, Julgado em 25/02/2014, DJE 06/03/2014, REsp 896044/PA, Rel. Ministro HERMAN BENJAMIN, SEGUNDA TURMA, Julgado em 16/09/2010, DJE 19/04/2011, REsp 1181300/PA, Rel. Ministro CASTRO MEIRA, SEGUNDA TURMA, Julgado em 14/09/2010, DJE 24/09/2010.

Não há como haver improbidade administrativa apenas com a atuação de um *extraneus*. Pode haver ilícito civil, penal, tributário contra a administração pública mas que, deles, não decorrem ato de improbidade porque ausente a participação do *intraneus*.

10. A inexistência de litisconsórcio necessário entre *intraneus* e *extraneus*

A questão que vem à tona é: em uma ação de improbidade, sempre deverão ser demandados, estar no polo passivo, o *intraneus* e *extraneus*? A resposta é não. Devem, sim, ser demandados, mas nada obsta sejam em ações diferentes.

Assim entendeu o STJ: "Nas ações de improbidade administrativa, não há litisconsórcio passivo necessário entre o agente público e os terceiros beneficiados com o ato ímprobo". Acórdãos AgRg no REsp 1421144/PB, Rel. Ministro BENEDITO GONÇALVES, PRIMEIRA TURMA, Julgado em 26/05/2015, DJE 10/06/2015; REsp 1261057/SP, Rel. Ministro HUMBERTO MARTINS, SEGUNDA TURMA, Julgado em 05/05/2015, DJE 15/05/2015; AgRg no AREsp 355372/MS, Rel. Ministra MARGA TESSLER (JUÍZA FEDERAL CONVOCADA DO TRF 4ª REGIÃO), PRIMEIRA TURMA, Julgado em 05/03/2015, DJE 11/03/2015, AgRg no REsp 1461489/MG, Rel. Ministro MAURO CAMPBELL MARQUES, SEGUNDA TURMA, Julgado em 18/12/2014, DJE 19/12/2014, EDcl no REsp 987598/PR, Rel. Ministro NAPOLEÃO NUNES MAIA FILHO, PRIMEIRA TURMA, Julgado em 05/11/2013, DJE 22/11/2013, REsp 896044/PA, Rel. Ministro HERMAN BENJAMIN, SEGUNDA TURMA, Julgado em 16/09/2010, DJE 19/04/2011, AgRg no REsp 759646/SP, Rel. Ministro TEORI ALBINO ZAVASCKI, PRIMEIRA TURMA, Julgado em 23/03/2010, DJE 30/03/2010.

Artigo 2°

Reputa-se agente público, para os efeitos desta lei, todo aquele que exerce, ainda que transitoriamente ou sem remuneração, por eleição, nomeação, designação, contratação ou qualquer outra forma de investidura ou vínculo, mandato, cargo, emprego ou função nas entidades mencionadas no artigo anterior.

1. Comentários

A lei define quem são os *intraneus* em redação muito semelhante à estabelecida no artigo 327 do Código Penal. Observe-se que os critérios "permanência" e "remuneração" são irrelevantes para fins de aplicação da LIA. Por exemplo, um conselheiro suplente que exerce uma função em algum órgão ou, ainda, conselho profissional, mesmo que sem remuneração, pode vir a ser responsabilizado por ato de improbidade. A prática de estágio, remunerada ou não, também enseja a aplicação das sanções de improbidade em caso de atentado às pessoas jurídicas especificadas no artigo 1°.

2. Agentes políticos e aplicação da lei de improbidade administrativa e o duplo regime sancionatório

Após algumas discussões acerca do tema, o STJ firmou posição no sentido de que: "Os Agentes Políticos sujeitos a crime de responsabilidade, ressalvados os atos ímprobos cometidos pelo Presidente da República (art. 86 da CF) e pelos Ministros do Supremo Tribunal Federal, não são imunes às sanções por ato de improbidade previstas no artigo 37, § 4º, da CF". Acórdãos: REsp 1191613/MG, Rel. Ministro BENEDITO GONÇALVES, PRIMEIRA TURMA, julgado em 19/03/2015, DJe 17/04/2015, REsp 1168739/RN, Rel. Ministro SÉRGIO KUKINA, PRIMEIRA TURMA, julgado em 03/06/2014, DJe 11/06/2014, EDcl na AIA 000045/AM, Rel. Ministra LAURITA VAZ, CORTE ESPECIAL, julgado em 21/05/2014, DJe 28/05/2014. REsp 1249531/RN, Rel. Ministro MAURO CAMPBELL MARQUES, SEGUNDA TURMA, julgado em 20/11/2012, DJe 05/12/2012; REsp 1205562/RS, Rel. Ministro NAPOLEÃO NUNES MAIA FILHO, PRIMEIRA TURMA, julgado em 14/02/2012, DJe 17/02/2012; AIA 000030/AM, Rel. Ministro TEORI ALBINO ZAVASCKI, CORTE ESPECIAL, julgado em 21/09/2011, DJe 28/09/2011, REsp 1133522/RN, Rel. Ministro CASTRO MEIRA,

SEGUNDA TURMA, julgado em 07/06/2011, DJe 16/06/2011, AgRg no REsp 1127541/RN, Rel. Ministro HUMBERTO MARTINS, SEGUNDA TURMA, julgado em 04/11/2010, DJe 11/11/2010.

Veja-se que, emprestando sentido ao texto da lei, o Superior Tribunal de Justiça, órgão máximo na interpretação das leis infraconstitucionais, ressalvou os atos ímprobos cometidos pelo Presidente da República (art. 86 da CF) e pelos Ministros do STF. Para todos os demais, aplicável a LIA. Os agentes políticos municipais se submetem aos ditames da Lei de Improbidade Administrativa – LIA –, sem prejuízo da responsabilização política e criminal estabelecida no Decreto-Lei n. 201/1967. (AgRg no REsp 1425191/CE, Rel. Ministro MAURO CAMPBELL MARQUES, SEGUNDA TURMA, julgado em 10/03/2015, DJe 16/03/2015; AgRg no AREsp 353745/RO, Rel. Ministra ASSUSETE MAGALHÃES, SEGUNDA TURMA, julgado em 03/03/2015, DJe 10/03/2015, AgRg no AREsp 447251/SP, Rel. Ministro BENEDITO GONÇALVES, PRIMEIRA TURMA, julgado em 10/02/2015, DJe 20/02/2015; REsp 1292940/RJ, Rel. Ministra ELIANA CALMON, SEGUNDA TURMA, julgado em 10/12/2013, DJe 18/12/2013, AgRg no AREsp 138511/RS, Rel. Ministro ARI PARGENDLER, PRIMEIRA TURMA, julgado em 07/05/2013, DJe 05/09/2013; AgRg no AREsp 218814/MG, Rel. Ministro HUMBERTO MARTINS, SEGUNDA TURMA, julgado em 04/04/2013, DJe 15/04/2013, AgRg no AREsp 048833/SP, Rel. Ministro HERMAN BENJAMIN, SEGUNDA TURMA, julgado em 26/02/2013, DJe 18/03/2013; AgRg nos EREsp 1119657/MG, Rel. Ministro ARNALDO ESTEVES LIMA, PRIMEIRA SEÇÃO, julgado em 12/09/2012, DJe 25/09/2012, AgRg no REsp 1238013/SP, Rel. Ministro FRANCISCO FALCÃO, PRIMEIRA TURMA, julgado em 22/11/2011, DJe 07/12/2011. AgRg no REsp 1243779/MG, Rel. Ministro CASTRO MEIRA, SEGUNDA TURMA, julgado em 21/06/2011, DJe 30/06/2011).

3. A competência para processamento da ação civil pública que vise à aplicação das sanções de improbidade administrativa

O Superior Tribunal de Justiça consolidou entendimento no sentido de que: "A ação de improbidade administrativa deve ser processada e julgada nas instâncias ordinárias, ainda que proposta contra agente político que tenha foro privilegiado". Acórdãos: REsp 1138173/RN, Rel. Ministro HUMBERTO MARTINS, SEGUNDA TURMA, julgado em 23/06/2015, DJe 30/06/2015. AgRg no AgRg no REsp 1316294/RJ, Rel. Ministro OLINDO MENEZES (DESEMBARGADOR CONVOCADO DO TRF 1ª REGIÃO), PRIMEIRA TURMA, julgado em 16/06/2015, DJe 24/06/2015; AgRg na MC 020742/MG,

Rel. Ministra MARIA THEREZA DE ASSIS MOURA, CORTE ESPECIAL, julgado em 06/05/2015, DJe 27/05/2015; AgRg no AREsp 553972/MG, Rel. Ministro HERMAN BENJAMIN, SEGUNDA TURMA, julgado em 16/12/2014, DJe 03/02/2015; REsp 1407862/RO, Rel. Ministro MAURO CAMPBELL MARQUES, SEGUNDA TURMA, julgado em 09/12/2014, DJe 19/12/2014;REsp 1489024/SP, Rel. Ministro BENEDITO GONÇALVES, PRIMEIRA TURMA, julgado em 04/12/2014, DJe 11/12/2014; AgRg na MC 022064/SP, Rel. Ministro SÉRGIO KUKINA, PRIMEIRA TURMA, julgado em 11/11/2014, DJe 14/11/2014; AgRg no AREsp 461084/SP, Rel. Ministro OG FERNANDES, SEGUNDA TURMA, julgado em 16/10/2014, DJe 14/11/2014; EDcl na AIA 000045/AM, Rel. Ministra LAURITA VAZ, CORTE ESPECIAL, julgado em 21/05/2014, DJe 28/05/2014. O Supremo Tribunal Federal, nos autos da Pet 3240, em maio de 2018, também asseverou não existir prerrogativa de foro para as ações de improbidade, reafirmando a declaração de inconstitucionalidade nos autos da (ADI 2.797) no que toca à Lei nº 10.628/2002, que equiparava a ação por improbidade administrativa, de natureza cível, à ação penal e estendia aos casos daquela espécie de ação o foro por prerrogativa.

Artigo 3°

As disposições desta lei são aplicáveis, no que couber, àquele que, mesmo não sendo agente público, induza ou concorra para a prática do ato de improbidade ou dele se beneficie sob qualquer forma direta ou indireta.

1. Comentários

Como já foi referido, pune-se o *extraneus*, no que couber, por induzir, concorrer ou se beneficiar da prática do ato de improbidade administrativa. É evidente que algumas das sanções trazidas pela lei não são aplicáveis àquele que não é agente público, como, por exemplo, a perda do cargo público. Entretanto, tantas outras sanções, como suspensão de direitos políticos, proibição de contratar, alcançam o *extraneus*, pessoa física ou jurídica.

2. O princípio da culpabilidade e a teoria da responsabilidade objetiva

Não se há de perder de vista o princípio da culpabilidade e a teoria da responsabilidade subjetiva. Nenhuma pessoa física ou jurídica pode vir a ser responsabilizada por ato de improbidade sem que tenha operado, ao menos, com culpa. Ainda, levando-se em consideração a própria culpabilidade, o sopesamento das sanções também deve ser diferenciada para o alcaide, o servidor, o *intraneus*.

Nos autos do REsp 1245954/SP, Ministro Castro Meira, Segunda Turma, DJe 17/09/2012, assim ponderou o STJ: "Entretanto, é evidente a desproporcionalidade no caso concreto: é que a conduta do agente privado não pode ser punida com mesma ou maior intensidade do que a conduta do agente público que assumiu tal qualidade por ter sido eleito pelo povo – enfim, uma verdadeira traição ao mandato, à confiança que lhe é depositada".

3. Pessoa física ou jurídica que se beneficia de ato de improbidade representado pela dispensa indevida de licitação

Em se tratando de dispensa indevida de licitação, pune-se o *extraneus* que tenha induzido, concorrido ou se beneficiado pela contratação. Não se olvide a redação do parágrafo único do artigo 89 da Lei nº 8.666/93, que pune, na mesma pena do *caput* do artigo, "aquele que, tendo comprovadamente concorrido para a consumação da ilegalidade, beneficiou-se da dispensa ou inexigibilidade ilegal, para celebrar contrato com o Poder Público.

Oportuno, pois, fazer uma leitura conjugada destes dois dispositivos a fim de corrigir interpretações equivocadas sobre o tema ou mesmo permitir que se instale a odiosa responsabilidade objetiva. O simples fato de contratar com o poder público dentro de uma dispensa ou inexigibilidade de licitação posteriormente declarada ilegal não caracteriza, por si só, improbidade. Não se há de falar em benefício, mas sim em negócio jurídico na qual a empresa deve ter um lucro pelo produto fornecido, pelo trabalho prestado e, sobretudo, pelo risco da atividade econômica.

O que caracteriza a improbidade administrativa é a má-fé, a deslealdade, a desonestidade. Se o *extraneus* não concorreu para a consumação da ilegalidade na fase interna do processo de dispensa ou inexigibilidade, não se há de falar em improbidade administrativa. Para fins de condição da ação, a título de improbidade administrativa, exigem-se sérios indícios de ilegalidade demonstráveis *primo oculi*.

Uma empresa ou pessoa física que aceita contratação com o poder público, mediante dispensa ou inexigibilidade de licitação em expediente que abarca, por exemplo, parecer técnico e jurídico na forma do artigo 26 da Lei nº 8.666/93, não pode ser responsabilizada por eventual glosa posterior porque está amparada pelo princípio da confiança,[24] da boa-fé e da presunção de legalidade e veracidade do ato administrativo.

Como ensina Di Pietro, "embora se fala em presunção de legitimidade ou veracidade como se fossem expressões com o mesmo significado, as duas podem ser desdobradas por abrangerem situações diferentes. A presunção de legitimidade diz respeito à conformidade com a lei; em decorrência desse atributo, presumem-se, até prova em contrário, que os atos administrativos foram emitidos com observância da lei. A presunção de veracidade diz respeito aos fatos; em decorrência desse atributo, presumem-se verdadeiros os fatos alegados pela administração".[25]

---

[24] Segundo Juarez Cirino dos Santos, "é generalizada a noção de que o princípio da confiança significa a expectativa, por quem se conduz nos limites do risco permitido, de comportamentos alheios adequados ao cuidado objetivo, exceto indicações concretas em contrário" (*A Moderna Teoria do Fato Punível*. Rio de Janeiro: Revan. 2002, p. 93).

[25] PIETRO, Maria Sylvia Zanella Di. *Direito Administrativo*. Porto Alegre: Atlas, 2014, p. 206-7.

Artigo 4°

Os agentes públicos de qualquer nível ou hierarquia são obrigados a velar pela estrita observância dos princípios de legalidade, impessoalidade, moralidade e publicidade no trato dos assuntos que lhe são afetos.

1. Comentários

Trata-se de um dever geral estendido a todos aqueles que estão vinculados, ainda que transitoriamente, à administração direta, indireta ou fundacional de qualquer dos Poderes da União, dos Estados, do Distrito Federal, dos Municípios, de Território, de empresa incorporada ao patrimônio público ou de entidade para cuja criação ou custeio o erário haja concorrido ou concorra com mais de cinquenta por cento do patrimônio ou da receita anual, serão punidos na forma desta lei. Todos os colaboradores são *ombudsman* e devem zelar pela obediência aos princípios[26] que regem a administração pública no exercício dos assuntos que lhe são afetos. E, ainda, quanto aos assuntos que não lhe são afetos mas que, porventura, venham a ter conhecimento, não lhes cabe quedar omisso sob a alegação de ausência de atribuição ou de "competência". Em havendo manifesta ilegalidade, o agente público de qualquer nível ou hierarquia tem o dever de levar ao conhecimento do seu superior ou, ainda, autoridade competente.

---

[26] Para Celso Antônio Bandeira de Mello, no que toca ao princípio de legalidade, assevera: "Nos termos do artigo 5º II, 'ninguém será obrigado a fazer ou deixar de fazer alguma coisa em virtude de lei'. Aí não se diz 'em virtude de' decreto, regulamento, resolução, portaria ou quejandos. Diz-se 'em virtude de lei'. Logo , a administração não poderá proibir ou impor comportamento algum a terceiro, salvo se estiver previamente embasada em determinada lei que lhe faculte proibir ou impor algo a quem quer que seja" (*Curso de Direito Administrativo*. São Paulo: Malheiros. 2011, p. 105-6). Por impessoalidade, refere: "nele se traduz a ideia de que a Administração tem que tratar a todos os administrados sem discriminações, benéficas ou detrimentosas. Nem favoritismo nem perseguições são toleráveis" (p. 117). Em relação à moralidade, assevera: "Quanto à nós, também entendo que não é qualquer ofensa moral social que se considerará idônea para dizer-se ofensiva ao princípio jurídico da moralidade administrativa, entendemos que este será havido como transgredido quando houver violação a uma norma de moral social que traga consigo menosprezo a um bem jurídico valorado" (p. 123). Por fim, sobre o princípio da publicidade: "consagra-se nisto o dever administrativo de manter plena transparência em seus comportamentos. Não pode haver em um Estado Democrático de Direito, no qual o poder reside no povo (art. 1º, parágrafo único, da Constituição), ocultamento aos administrados dos assuntos que a todos interessam, e muito menos em relação aos sujeitos individualmente afetados por alguma medida" (p. 117)

Artigo 5°

Ocorrendo lesão ao patrimônio público por ação ou omissão, dolosa ou culposa, do agente ou de terceiro, dar-se-á o integral ressarcimento do dano.

1. Comentários

Ninguém pode ser responsabilizado por ato de improbidade sem que tenha, ao menos, operado com culpa. Os artigos 9º e 11 da LIA exigem a existência de dolo. Já o artigo 10 prevê forma culposa ou dolosa.

Conforme entendimento do STJ: "É inadmissível a responsabilidade objetiva na aplicação da Lei n. 8.429/1992, exigindo- se a presença de dolo nos casos dos arts. 9º e 11 (que coíbem o enriquecimento ilícito e o atentado aos princípios administrativos, respectivamente) e ao menos de culpa nos termos do artigo 10, que censura os atos de improbidade por dano ao Erário". Acórdãos AgRg no REsp 1500812/SE, Rel. Ministro MAURO CAMPBELL MARQUES, SEGUNDA TURMA, Julgado em 21/05/2015, DJE 28/05/2015; AgRg no REsp 968447/PR, Rel. Ministro NAPOLEÃO NUNES MAIA FILHO, PRIMEIRA TURMA, Julgado em 16/04/2015, DJE 18/05/2015; REsp 1238301/MG, Rel. Ministro SÉRGIO KUKINA, PRIMEIRA TURMA, Julgado em 19/03/2015, DJE 04/05/2015; AgRg no AREsp 597359/MG, Rel. Ministro HUMBERTO MARTINS, SEGUNDA TURMA, Julgado em 16/04/2015, DJE 22/04/2015; REsp 1478274/MT, Rel. Ministro HERMAN BENJAMIN, SEGUNDA TURMA, Julgado em 03/03/2015, DJE 31/03/2015; AgRg no REsp 1397590/CE, Rel. Ministra ASSUSETE MAGALHÃES, SEGUNDA TURMA, Julgado em 24/02/2015, DJE 05/03/2015; AgRg no AREsp 560613/ES, Rel. Ministro OG FERNANDES, SEGUNDA TURMA, Julgado em 20/11/2014, DJE 09/12/2014; REsp 1237583/SP, Rel. Ministro BENEDITO GONÇALVES, PRIMEIRA TURMA, Julgado em 08/04/2014, DJE 02/09/2014.

2. Dolo genérico, específico, elemento subjetivo diverso do dolo, culpa simples ou qualificada

Sem adentrar nas diferentes nomenclaturas que envolvem os elementos *dolo* e *culpa*, a LIA envolve o dolo,[27] dispensando a existência

[27] Juarez Cirino dos Santos traz um conceito generalizado de dolo em matéria penal que, a título de ilustração, guarda elementos que podem aqui ser aplicados. Segundo o autor, "o dolo,

de elemento subjetivo diverso. Basta o dolo "genérico", o "simples", para caracterizar a conduta. No que toca à culpa, quer por negligência, quer por imprudência ou, ainda, imperícia, exige-se mais do que um simples erro.

É preciso que a contrariedade à lei, a negligência ao dever de cuidado inerente ao cargo, o desatendimento às normas técnicas e regulamentares sejam qualificadas pela existência de deslealdade, desonestidade e má-fé. A simples infração não gera, por si só, improbidade administrativa. Há de se perquirir, tanto para o dolo quanto para a culpa, o "poder de agir de outra maneira na situação".[28]

3. Desnecessidade de dolo específico na tipificação do artigo 11 da LIA

Como antes referido, segundo o STJ: "O ato de improbidade administrativa previsto no artigo 11 da Lei n. 8.429/92 não requer a demonstração de dano ao erário ou de enriquecimento ilícito, mas exige a demonstração de dolo, o qual, contudo, não necessita ser específico, sendo suficiente o dolo genérico". Acórdãos AgRg no REsp 1500812/SE, Rel. Ministro MAURO CAMPBELL MARQUES, SEGUNDA TURMA, julgado em 21/05/2015, DJe 28/05/2015;AgRg no AREsp 562250/GO, Rel. Ministro HUMBERTO MARTINS, SEGUNDA TURMA, julgado em 19/05/2015, DJe 05/08/2015 AgRg no REsp 1337757/DF, Rel. Ministra MARGA TESSLER (JUÍZA FEDERAL CONVOCADA DO TRF 4ª REGIÃO), PRIMEIRA TURMA, julgado em 05/05/2015, DJe 13/05/2015; REsp 1275469/SP, Rel. Ministro NAPOLEÃO NUNES MAIA FILHO, Rel. p/ Acórdão Ministro SÉRGIO KUKINA, PRIMEIRA TURMA, julgado em 12/02/2015, DJe 09/03/2015; AgRg no AREsp 560613/ES, Rel. Ministro OG FERNANDES, SEGUNDA TURMA, julgado em 20/11/2014, DJe 09/12/2014; MS 012660/DF, Rel. Ministra MARILZA MAYNARD (DESEMBARGADORA CONVOCADA DO TJ/SE), TERCEIRA SEÇÃO, julgado

conforme um conceito generalizado, é a vontade consciente de realizar um crime, ou , mais tecnicamente, o tipo objetivo do crime, também definível como *saber* e *querer* em relação ás circunstâncias de fato do tipo legal. Assim, o dolo é composto de um elemento intelectual (consciência, no sentido de representação psíquica) e de um elemento volitivo (vontade, no sentido de decisão de agir) como fatores formadores da ação típica dolosa." (*A Moderna Teoria do Fato Punível*. Rio de Janeiro: revan. 2002, p. 54).

[28] Segundo Jorge de Figueiredo Dias: "O poder agir de outra maneira na situação, dir-se-á, é deste modo requisito irrenunciável do conceito de culpa: quer esta se veja directamente na decisão livre e consciente da vontade a favor do ilícito, de que o poder de agir de outra maneira é pressuposto; quer ela se veja no cometimento do ilícito por um agente que detinha capacidade para se determinar de acordo com a norma, ou era permeável ao apelo normativo. O poder agir de outra maneira é pois, neste enquadramento, simultaneamente pressuposto e conteúdo material da culpa." (*Direito Penal*, Parte Geral, RT, 2012, p. 516)

em 13/08/2014, DJe 22/08/2014; AgRg nos EDcl no AREsp 033898/RS, Rel. Ministro BENEDITO GONÇALVES, PRIMEIRA TURMA, julgado em 02/05/2013, DJe 09/05/2013.

4. Integral ressarcimento do dano

Preconiza o artigo 37, § 5º, da CF/88 que: "A lei estabelecerá os prazos de prescrição para ilícitos praticados por qualquer agente, servidor ou não, que causem prejuízos ao erário, ressalvadas as respectivas ações de ressarcimento".

A LIA trata sobre prazos de punição da improbidade. Nada fala, porém, sobre prazos que visem ao ressarcimento integral do dano. Estar-se-ia a falar em uma espécie de gravitação jurídica em que o acessório (ressarcimento integral) segue o principal (responsabilização por ato de improbidade)?

O Plenário do Supremo Tribunal Federal, por maioria de votos, nos autos do julgamento do Recurso Extraordinário (RE) 852.475, com repercussão geral reconhecida, assentou a imprescritibilidade de ações de ressarcimento de danos ao erário decorrentes de ato doloso de improbidade administrativa. Não se olvide que o STF, outrora, conforme Tema 666, fixado no julgamento do RE 669.069 assentou ser prescritível "a ação de reparação de danos à Fazenda Pública decorrente de ilícito civil". A prescrição de ações populares e ações civis públicas sem pedido de condenação por improbidade administrativa é de cinco anos (art. 21 da Lei nº 4.717/65). Em síntese: apenas o ressarcimento integral advindo de ato doloso de improbidade administrativa é imprescritível.

5. Responsabilidade solidária

Segundo entendimento da jurisprudência,[29] havendo mais de um réu, deverão ser todos condenados de forma solidária. Cabe aqui uma reflexão sobre esse entendimento a partir do que dispõe a regra geral do Código Civil (art. 265 do CC) e o próprio princípio da individualização da pena.

A solidariedade não se presume, decorre de lei ou da vontade das partes. Não há, na lei de improbidade administrativa, previsão específica de responsabilidade solidária. Fala a legislação em integral ressarcimento do dano. Acredita-se que essa leitura deve ser exami-

[29] A jurisprudência do STJ vai no sentido de que, "no ato de improbidade administrativa do qual resulta prejuízo, a responsabilidade dos agentes em concurso é solidária" (REsp 1.119.458/RO, Rel. Ministro HAMILTON CARVALHIDO, PRIMEIRA TURMA, DJe 29/04/2010).

nada a partir do princípio da culpabilidade, da individualização, de modo que o erário seja integralmente ressarcido sem descurar da imputação adequada da responsabilidade para cada um na medida da dimensão de seus atos.

Artigo 6°

No caso de enriquecimento ilícito, perderá o agente público ou terceiro beneficiário os bens ou valores acrescidos ao seu patrimônio.

1. Comentários

A perda dos bens oriundos do enriquecimento ilícito é uma consequência da condenação por ato de improbidade administrativa. Porém, importa referir que a caracterização do enriquecimento ilícito pressupõe, para fins de aplicação da LIA, qualquer ação ou omissão no exercício de função pública para obter vantagem econômica ou a satisfação de interesse privado.

Não é impossível que o agente público venha a ostentar patrimônio incompatível com a evolução de sua renda e que isso não tenha qualquer relação com seu vínculo com a administração pública. Não se trata de fato irrelevante para fins jurídicos. Pelo contrário, pressupõe ampla investigação. Porém, no que toca à aplicação da LIA, não há improbidade a ser apurada.

Artigo 7°

Quando o ato de improbidade causar lesão ao patrimônio público ou ensejar enriquecimento ilícito, caberá a autoridade administrativa responsável pelo inquérito representar ao Ministério Público, para a indisponibilidade dos bens do indiciado.

Parágrafo único. A indisponibilidade a que se refere o caput deste artigo recairá sobre bens que assegurem o integral ressarcimento do dano, ou sobre o acréscimo patrimonial resultante do enriquecimento ilícito.

1. Comentários

O tipo ou suporte fático fala em indisponibilidade de bens, assim entendidos os imóveis (art. 79 do CC) e móveis (art. 82 do CC), os direitos reais sobre imóveis e as ações que os asseguram, o direito à sucessão aberta, as energias que tenham valor econômico, os direitos reais sobre objetos móveis e as ações correspondentes, os direitos pessoais de caráter patrimonial e respectivas ações, tudo pode ser alcançado pela indisponibilidade.

2. Bem de família e indisponibilidade de bens

Preconiza o artigo 3º, VIII, da Lei nº 8.009/90 que a impenhorabilidade é oponível em qualquer processo de execução civil, fiscal, previdenciária, trabalhista ou de outra natureza, salvo se movido, por exemplo, "para cobrança de crédito constituído pela Procuradoria-Geral Federal em decorrência de benefício previdenciário ou assistencial recebido indevidamente por dolo, fraude ou coação, inclusive por terceiro que sabia ou deveria saber da origem ilícita dos recursos".

O tema é relativamente novo, já que incluído por meio da Medida Provisória 871/2019. Preconiza o artigo 9°, inc. I, da LIA que constitui ato de improbidade administrativa que importa em enriquecimento ilícito "receber, para si ou para outrem, dinheiro, bem móvel ou imóvel, ou qualquer outra vantagem econômica, direta ou indireta, a título de comissão, percentagem, gratificação ou presente de quem tenha interesse, direto ou indireto, que possa ser atingido ou amparado por ação ou omissão decorrente das atribuições do agente público". Já e possível pensar que o agente público que venha a receber vantagem para facilitar ou mesmo omitir-se sobre benefício previdenciário fraudulento pode vir a ter bens de família alcançados pela indisponibilidade.

3. Momento da indisponibilidade

Segundo entendimento do STJ: "É possível o deferimento da medida acautelatória de indisponibilidade de bens em ação de improbidade administrativa nos autos da ação principal sem audiência da parte adversa e, portanto, antes da notificação a que se refere o artigo 17, § 7º, da Lei n. 8.429/92.Acórdãos: AgRg no AREsp 460279/MS, Rel. Ministro HERMAN BENJAMIN, SEGUNDA TURMA, Julgado em 07/10/2014, DJE 27/11/2014; REsp 1197444/RJ, Rel. Ministro NAPOLEÃO NUNES MAIA FILHO, PRIMEIRA TURMA, Julgado em 27/08/2013, DJE 05/09/2013; AgRg no AgRg no REsp 1328769/BA, Rel. Ministra ELIANA CALMON, SEGUNDA TURMA, Julgado em 13/08/2013, DJE 20/08/2013; AgRg no Ag 1262343/SP, Rel. Ministro TEORI ALBINO ZAVASCKI, PRIMEIRA TURMA, Julgado em 28/08/2012, DJE 21/09/2012; AgRg no REsp 1256287/MT, Rel. Ministro HUMBERTO MARTINS, SEGUNDA TURMA, Julgado em 15/09/2011, DJE 21/09/2011; EDcl no REsp 1163499/MT, Rel. Ministro MAURO CAMPBELL MARQUES, SEGUNDA TURMA, Julgado em 16/11/2010, DJE 25/11/2010; Esp 1078640/ES, Rel. Ministro LUIZ FUX, PRIMEIRA TURMA, Julgado em 09/03/2010, DJE 23/03/2010; REsp 1040254/CE, Rel. Ministra DENISE ARRUDA, PRIMEIRA TURMA, Julgado em 15/12/2009, DJE 02/02/2010. Trata-se, a bem da verdade, de uma ordem *inaudita altera pars* antes mesmo da citação.

4. Risco de alienação, oneração ou dilapidação patrimonial

Comumente, para cautelares dessa monta, exigir-se-iam atos, menções, prova, ainda que mínima, de que a parte demandada estaria planejando se furtar a uma responsabilização patrimonial. Todavia, em se tratando de ação civil pública que busque a responsabilização por ato de improbidade, decidiu o STJ que "é possível a decretação da indisponibilidade de bens do promovido em ação civil Pública por ato de improbidade administrativa, quando ausente (ou não demonstrada) a prática de atos (ou a sua tentativa) que induzam a conclusão de risco de alienação, oneração ou dilapidação patrimonial de bens do acionado, dificultando ou impossibilitando o eventual ressarcimento futuro". Acórdãos: AgRg no REsp 1342860/BA, Rel. Ministro NAPOLEÃO NUNES MAIA FILHO, PRIMEIRA TURMA, Julgado em 02/06/2015, DJE 18/06/2015; AgRg no AREsp 341211/PR, Rel. Ministro BENEDITO GONÇALVES, PRIMEIRA TURMA, Julgado em 09/06/2015, DJE 17/06/2015; AgRg no REsp 1460770/PA, Rel. Ministro HERMAN BENJAMIN, SEGUNDA TURMA, Julgado em 05/05/2015, DJE 21/05/2015; AgRg no AREsp 369857/SP,

Rel. Ministro OG FERNANDES, SEGUNDA TURMA, Julgado em 28/04/2015, DJE 06/05/2015; AgRg no AgRg no REsp 1396811/DF, Rel. Ministra MARGA TESSLER (JUÍZA FEDERAL CONVOCADA DO TRF 4ª REGIÃO), PRIMEIRA TURMA, Julgado em 10/03/2015, DJE 17/03/2015; REsp 1461882/PA, Rel. Ministro SÉRGIO KUKINA, PRIMEIRA TURMA, Julgado em 05/03/2015, DJE 12/03/2015; AgRg no REsp 1460687/PI, Rel. Ministro HUMBERTO MARTINS, SEGUNDA TURMA, Julgado em 03/03/2015, DJE 09/03/2015; EDcl no REsp 1482497/PA, Rel. Ministro MAURO CAMPBELL MARQUES, SEGUNDA TURMA, Julgado em 18/12/2014, DJE 19/12/2014.

5. Bens adquiridos anteriormente à prática da improbidade administrativa e inclusão da multa

Para fins da LIA, "a decretação de indisponibilidade de bens pode recair sobre aqueles adquiridos anteriormente ao suposto ato, além de levar em consideração, o valor de possível multa civil como sanção autônoma". Acórdãos: REsp 1461892/BA, Rel. Ministro HERMAN BENJAMIN, SEGUNDA TURMA, Julgado em 17/03/2015, DJE 06/04/2015; REsp 1461882/PA, Rel. Ministro SÉRGIO KUKINA, PRIMEIRA TURMA, Julgado em 05/03/2015, DJE 12/03/2015; REsp 1176440/RO, Rel. Ministro NAPOLEÃO NUNES MAIA FILHO, PRIMEIRA TURMA, Julgado em 17/09/2013, DJE 04/10/2013; AgRg no REsp 1191497/RS, Rel. Ministro HUMBERTO MARTINS, SEGUNDA TURMA, Julgado em 20/11/2012, DJE 28/11/2012; AgRg no AREsp 020853/SP, Rel. Ministro BENEDITO GONÇALVES, PRIMEIRA TURMA, Julgado em 21/06/2012, DJE 29/06/2012.

6. Excessos na ordem de indisponibilidade de bens

Não raro, verificam-se abusos e excessos na ordem da indisponibilidade de bens. Há casos em que, em havendo vários réus, todos são alcançados pela indisponibilidade em um mesmo montante.

Explica-se: em uma ação em que se discute um prejuízo ao erário no valor de um milhão de reais acontece de, no bojo da indisponibilidade, haver disponibilidade de quatro, cinco milhões, em bens, direitos e valores porque vários réus foram alcançados pela mesma ordem. Em casos como esse – se é verdade que se opera a solidariedade entre réus na ação de improbidade administrativa – dever-se-ia restringir a indisponibilidade, para o polo passivo, ao montante constante na inicial.

Outra questão extremamente discutível refere-se à acusação de sobrepreço. Em um contrato de fornecimento de produto ou serviço, no valor, por exemplo, de 5 milhões de reais, a parte autora da ação de improbidade alega sobrepreço no montante de um milhão de reais, ou seja, por meio de inquérito civil concluiu que o mesmo produto ou o mesmo serviço, em quantidade e qualidade idêntica, poderia ter sido prestado por 4 milhões de reais. Por conta disso, postula, em juízo, não a indisponibilidade do montante do sobrepreço e eventual multa a ser apurada, mas sim, o valor integral do contrato.

Não é necessário a instauração de ampla defesa, de contraditório, processo e a realização de instrução para se chegar a essa conclusão de que a indisponibilidade é indevida.

Ainda, oportuno destacar: nem tudo cabe no *in dubio pro societate*. O juiz, diante de uma alegação de excesso quanto à indisponibilidade, não deve-se furtar do dever constitucional de fundamentação das decisões (art. 93, IX, da CF/88) afirmando que, por ora, reina a dúvida que deve ser convertida em favor da sociedade.

As complexidades do mundo, da sociedade e da economia exigem decisões adequadas ao tempo das contingências. Instrumentos de engessamento do processo e da celeridade, como o *in dubio pro societate*, retroalimentam a injustiça porque, nas palavras de Rui Barbosa, "a justiça atrasada não é justiça; senão injustiça qualificada e manifesta".[30]

Hipoteticamente, em homenagem à dialética cognitivo-argumentativa, tomando-se por verdadeiros pontos articulados na inicial, já é possível observar que a indisponibilidade ultrapassou os limites da razoabilidade.

Ora, se o próprio demandante reconhece que houve prestação de serviço ou fornecimento de mercadoria, não se há de falar em indisponibilidade do total do valor contratado, senão, apenas, do representativo do sobrepreço.

Não se olvide a redação do artigo 59 da Lei 8.666/93, que assevera que "a declaração de nulidade do contrato administrativo opera retroativamente impedindo os efeitos jurídicos que ele, ordinariamente, deveria produzir, além de desconstituir os já produzidos" e que "a nulidade não exonera a Administração do dever de indenizar o contratado pelo que este houver executado até a data em que ela for declarada e por outros prejuízos regularmente comprovados, contanto que não lhe seja imputável, promovendo-se a responsabilidade de quem lhe deu causa".

[30] BARBOSA, R. *Oração aos Moços*, 1921.

O que não se admite é que a administração pública venha a se locupletar com eventual ato de improbidade. Não podem, de nenhuma forma, decisões oriundas de uma ação de improbidade gerar vantagem, enriquecimento ilícito, sob pena de se admitir o *nemo auditur propriam turpitudinem allegans*.[31]

[31] Nesse sentido, decidiu o STJ: ADMINISTRATIVO. ADITAMENTO CONTRATUAL. EXECUÇÃO DE OBRA COM VERBAS EXTRAORDINÁRIAS. CONTRATO VERBAL. NÃO-PAGAMENTO. COBRANÇA JUDICIAL. PRINCÍPIO DO NÃO ENRIQUECIMENTO ILÍCITO. PAGAMENTO DEVIDO. 1. De acordo com o art. 60, p. ún., da Lei n. 8.666/93, a Administração Pública direta e indireta, via de regra, está proibida de efetuar contratos verbais. Nada obstante, o Tribunal a quo constatou que, no caso, houve as alterações no projeto básico, as quais eram do conhecimento do Município, tendo sido efetuada a obra com gastos extraordinários. (fl. 346) 2. Se o Poder Público, embora obrigado a contratar formalmente, opta por não fazê-lo, não pode, agora, valer-se de disposição legal que prestigia a nulidade do contrato verbal, porque isso configuraria uma tentativa de se valer da própria torpeza, comportamento vedado pelo ordenamento jurídico por conta do prestígio da boa-fé objetiva (orientadora também da Administração Pública).3. *Por isso, na ausência de contrato formal entre as partes – e, portanto, de ato jurídico perfeito que preservaria a aplicação da lei à celebração do instrumento –, deve prevalecer o princípio do não enriquecimento ilícito. Se o acórdão recorrido confirma a execução do contrato e a realização da obra pelo recorrido, entende-se que deve ser realizado o pagamento devido pelo Município recorrente.* 4. Recurso especial a que se nega provimento. (REsp 836.495/RS, Rel. Ministro MAURO CAMPBELL MARQUES, SEGUNDA TURMA, julgado em 26/11/2013, DJe 06/12/2013)

Artigo 8°

Sucessor daquele que causar lesão ao patrimônio público ou se enriquecer ilicitamente está sujeito às cominações desta lei até o limite do valor da herança.

1. Comentários

Também conhecido como princípio da intranscendência, da pessoalidade ou, ainda, personalidade da pena, as sanções aplicáveis à improbidade administrativa não podem passar da pessoa do infrator. Essa previsão é uma garantia constitucional prevista no art. 5º, XLV, da CF que irradia efeitos e conduz o Legislativo em toda a formatação da legislação infraconstitucional. Por conta disso, as sanções de ressarcimento e multa ficam limitadas ao valor da herança.

2. Morte do réu da ação de improbidade

Vindo o réu a falecer no curso da ação, aplicável, à espécie, o que preconiza o artigo 313, I, do CPC, ou seja, suspende-se o feito, ordenando-se ao autor da ação que promova a citação do respectivo espólio, de quem for o sucessor ou, se for o caso, dos herdeiros.

3. Extinção da ação de improbidade por ausência de bens a partilhar

O TRF da 5ª Região, nos autos da apelação 0800496-04.2013.4.05.8200, julgado em 14.02.2017, confirmou o entendimento de que é cabível a extinção da ação de improbidade tendo em vista haver certidão de óbito em que consta a declaração de que o falecido não deixou bens.

Artigo 9°

Constitui ato de improbidade administrativa importando enriquecimento ilícito auferir qualquer tipo de vantagem patrimonial indevida em razão do exercício de cargo, mandato, função, emprego ou atividade nas entidades mencionadas no artigo 1° desta lei, e notadamente:

1. Comentários

O tipo traz as hipóteses mais graves de improbidade administrativa,[32] ou seja, aquelas das quais decorrem enriquecimento ilícito.[33] Trata-se de conduta exclusivamente dolosa, não bastando a culpa para a sua caracterização. Pune-se a conduta de auferir "qualquer tipo de vantagem patrimonial indevida", "em razão do exercício de cargo, mandato, função, emprego ou atividade nas entidades mencionadas no artigo 1° desta lei", "para si ou para outrem".

2. Vantagem patrimonial indevida

Pode ser bens, direitos, valores, benefícios cruzados em favor de terceiro.

3. Em razão do exercício do cargo, emprego ou função

A vantagem auferida deve ter uma íntima relação com o cargo, emprego ou função ocupado. O simples fato de receber uma vantagem graciosa, um presente,[34] não caracteriza, por si só, ato de impro-

---

[32] Para Fazzio Jr.: "A exploração da fração de poder que lhe é outorgada, na estrutura administrativa direta ou indireta, para captar vantagem a que, regularmente, não teria direito, é a modalidade de improbidade administrativa mais grave porque é, dentro todas, a que fere de forma mais contundente o interesse republicano". (FAZZIO JR., Waldo. *Improbidade Administrativa:* doutrina, legislação e jurisprudência. 4. ed. São Paulo: Atlas, 2016, p. 145-6).

[33] Como refere Pazzaglini Filho, "trata-se da modalidade mais grave e ignóbil de improbidade administrativa, pois contempla o comportamento torpe do agente que desempenha funções públicas e de sua atribuição de forma desonesta é imoral. Expressa a norma do art. 9 da LIA o tráfico, a negociação da função pública pelo administrador no exercício de qualquer atividade estatal" (PAZZAGLINI FILHO, Marino. *Lei de Improbidade Administrativa Comentada*: aspectos constitucionais, administrativos, civis, criminais, processuais e de responsabilidade fiscal; legislação e jurisprudência atualizadas. 5. ed. São Paulo: Atlas, 2011, p. 43).

[34] Os pequenos presentes, dádivas de pequeno valor econômico, em forma de gratidão, ou até mesmo homenagem, não servem para realizar a conduta ímproba em pauta. Com efeito, os mimos natalícios, geralmente de pequeno valor, bem como os rotineiros presentes de aniversário,

bidade. Receber, também, uma vantagem que nada tem relação com o cargo ocupado pode configurar qualquer coisa, menos a improbidade em comento.

Preconiza o artigo 117, XII, da Lei nº 8.112/97 que é vedado ao servidor "receber propina, comissão, presente ou vantagem de qualquer espécie, em razão de suas atribuições". Não obstante, existe, no ordenamento jurídico, uma série de disposições legais e regulamentares que disciplinam valores e formas de recebimentos de presentes podendo ser citado, como exemplo, o Decreto 6.029/2007, o Código de Ética da Magistratura Nacional, o Código de Ética dos Servidores do STF, dentre outros.

Em regra, essas disposições trabalham com teto de valores (aproximadamente R$ 100,00) e forma de recebimento. Certo é que, independente da crítica que se possa fazer a essas regulamentações autônoma, o exame deve se pautar pelo bom senso e, principalmente, pela identificação de que o "presente" tenha vinculação com o exercício do cargo, emprego ou função.

Não raro, identifica-se exageros nessa leitura de recebimento de presentes. O ocupante de cargo, emprego, função, está servidor por tempo determinado. Mesmo os estáveis – se é que ainda existe estabilidade – não são servidores, eles estão servidores. Porém, sobretudo em cidades menores, por vezes, são amigos, padrinhos, parentes de pessoas que inclusive possam ter relação contratual com o órgão a que esta vinculados.

Por evidente, trocarão presentes em datas comemorativas ou mesmo ganharão bens e direitos em valores muito acima do antes referido. Questiona-se: improbidade? Evidentemente que não. Cabe a proponente da ação de improbidade demonstrar mais do que essa troca ou recebimento de bens. É preciso comprovar que isso se deu em razão do exercício do cargo, emprego ou função.

Colhe-se da doutrina que: "Os atos de improbidade administrativa que importam em enriquecimento ilícito exigem para sua caracterização a ocorrência dos seguintes requisitos mínimos: 1. recebimento de vantagem econômica indevida por agente público, acarretando, ou não, dano ao Erário ou ao patrimônio de entidades públicas ou de entidades privadas de interesse público (no caso de verba públicas por estas recebidas); 2. vantagem patrimonial decorrente de comportamento ilegal do agente público; 3. ciência do agente público da ilici-

---

manifestações de carinho e delicadeza em relação à esposa, genitores e filhos do agente público não importam corrupção. (FAZZIO JR., Waldo. *Improbidade Administrativa:* doutrina, legislação e jurisprudência. 4. ed. São Paulo: Atlas, 2016, p. 162)

tude da vantagem patrimonial pretendida e obtida; 4. conexão entre o exercício funcional abusivo do agente público nas entidades indicadas no artigo 1º da LIA e a vantagem econômica indevida por ele alcançada para si ou para outrem".[35]

Artigo 9°, I

> **Receber, para si ou para outrem, dinheiro, bem móvel ou imóvel, ou qualquer outra vantagem econômica, direta ou indireta, a título de comissão, percentagem, gratificação ou presente de quem tenha interesse, direto ou indireto, que possa ser atingido ou amparado por ação ou omissão decorrente das atribuições do agente público;**

4. Comentários

O recebimento, para si ou para outrem, de bens, direitos, valores, vantagens, a título de comissão, percentual, gratificação ou presente de quem tenha interesse, possa ser atingido ou amparado por ação ou omissão decorrente das atribuições do agente público é o que caracteriza o tipo.

Os principais elementos normativos do tipo que exigem atenção são aqueles que dizem sobre o nexo causal, a relação entre "interesse" e "ação ou omissão decorrente das atribuições do agente público".

O servidor, por exemplo, que recebe uma vantagem, um percentual, a título de destravar um pagamento perante órgão público pode ou não caracterizar o tipo em comento. Ora, se suas atribuições nada têm relação com o empenho, a liquidação, o pagamento, se não é ele o ordenador da despesa, o agente responsável por declarar a liquidação ou mesmo o tesoureiro, não se perfaz a hipótese do tipo legal.

É possível sim, extrair da conduta, um tipo penal ou mesmo outra hipótese de improbidade. Porém, a disposição do artigo 9º, inciso I, da LIA, exige esse liame, esse vínculo, essa estreita ligação entre vantagem recebida e interesse na ação ou omissão do ocupante de cargo, emprego ou função pública que tenha atribuições para tanto.

---

[35] PAZZAGLINI FILHO, Marino. *Lei de Improbidade Administrativa Comentada*: aspectos constitucionais, administrativos, civis, criminais, processuais e de responsabilidade fiscal; legislação e jurisprudência atualizadas. 5. ed. São Paulo: Atlas, 2011, p. 44-5.

Artigo 9°, II

Perceber vantagem econômica, direta ou indireta, para facilitar a aquisição, permuta ou locação de bem móvel ou imóvel, ou a contratação de serviços pelas entidades referidas no artigo 1° por preço superior ao valor de mercado;

5. Comentários

Pune-se a conduta de receber vantagem para facilitar a aquisição, permuta ou locação de bem móvel ou imóvel, assim como contratação de serviços por preço superior ao valor de mercado.[36]

A conduta de tornar mais fácil a aquisição, permuta, locação ou contratação de serviços não necessariamente trabalha, como no inciso anterior, com feixe de atribuições. É possível, nesta hipótese, imputar a conduta aquele que, de alguma forma (e o autor da ação de improbidade deverá descrever minuciosamente essa forma) interviu, colaborou, empenhou-se em um negócio jurídico acima do valor de mercado.

É muito importante que a discussão sobre "valor de mercado" ganhe seriedade. Em se tratando de acusações sérias e com consequências graves, não se admite que a discussão se restrinja ao senso comum, ao que as partes do processo, muitas vezes sem conhecimento mercadológico, afirmem ser caro ou barato. A oferta e a procura da época dos fatos, o montante contratado (quer produto ou serviço), as facilidades e dificuldades de locação e alienação levando-se em consideração o bem móvel e imóvel devem ser observadas.

Artigo 9°, III

Perceber vantagem econômica, direta ou indireta, para facilitar a alienação, permuta ou locação de bem público ou o forneci-

[36] "Ao menos, no plano estritamente conceitual, é possível diferenciar superfaturamento e sobrepreço. O primeiro se verifica quando há a demonstração de que o mesmo fornecedor, em breve lapso de tempo, praticou preços radicalmente diferentes para um mesmo bem ou serviço. Quanto ao sobrepreço, basta que se estabeleçam, em relação ao mesmo bem ou serviço, diferenças consideráveis entre os preços praticados, também em período próximo, mas cotejando-se diversos fornecedores. O sobrepreço (vantagem) é disfarçado sob a aparência de uma contratação regular. O excedente do valor corrente no mercado, que irá onerar a administração, beneficiará terceiro. Ou seja, o servidor aufere benefício patrimonial para facilitar negócio que se torna mais caro para Administração. Será paga mais do que pagaria, em condições normais de negociação, no mercado. Longe de amparar a Fazenda que lhe remunera, aqui, o agente público é pago para o fim de lesá-la". (FAZZIO JR., Waldo. *Improbidade Administrativa:* doutrina, legislação e jurisprudência. 4. ed. São Paulo: Atlas, 2016, p. 164)

mento de serviço por ente estatal por preço inferior ao valor de mercado;

6. Comentários

É preciso haver um nexo, um elo entre a percepção de vantagem e a facilitação de alienação, permuta ou locação de bem público ou fornecimento de serviço em valores subfaturados. A leitura dos expedientes técnicos e jurídicos deve ser cruzada com a lotação, com o cargo ocupado, com as atribuições em relação àquele que se alega ter percebido vantagem econômica para facilitar o negócio subfaturado. Não se exige tenha sido ele o autorizador, o ordenador da despesa, o autor do empenho.

É possível, sim, que possa ser responsabilizado por patrocinar, direta ou indiretamente, interesse privado perante a administração pública, valendo-se da qualidade de funcionário, fato que inclusive caracteriza o crime previsto no artigo 321 do CP.

Não obstante, é preciso comprovar a facilitação. Se não houve facilidade, se o curso do procedimento administrativo seguiu os trâmites regulares, no tempo normal à espécie, não resta caracterizada a improbidade aqui referida.

Para além disso, elemento normativo complexo a ser examinado é a questão do subfaturamento. Trata-se de discussão eminentemente técnica, que não dispensa um exame mercadológico. Comumente, as discussões acerca de subfaturamento ou superfaturamento ficam circunscritas na palavra das partes em um processo judicial. A questão é que preço, valor, não são conceitos que cabem dentro de um processo simplesmente argumentativo sobre o que o autor e o réu entendem seja caro ou barato. Para casos como esse, deve o processo experimentar perícia, exame mercadológico, análise contextual que leve em consideração qualidade, quantidade, economia da época, forma de pagamento, liquidez do bem, enfim, fatores de precificação.

Artigo 9°, IV

Utilizar, em obra ou serviço particular, veículos, máquinas, equipamentos ou material de qualquer natureza, de propriedade ou à disposição de qualquer das entidades mencionadas no artigo 1° desta lei, bem como o trabalho de servidores públicos, empregados ou terceiros contratados por essas entidades;

7. Comentários

Não é permitido, quer ao servidor, quer ao particular, o uso privado de bens públicos. É evidente que essa previsão legal deve ser lida com reservas. A segurança, por exemplo, exige o uso do bem público para fins particulares, quando intrinsecamente ligada à função. Isso também inclui o trabalho de servidores que, por vezes, devem prestar suas atividades em locais privados com o objetivo de dar segurança a autoridades ou mesmo terceiros que, por força da lei, estão sob um amparo especial da legislação.

Artigo 9°, V

Receber vantagem econômica de qualquer natureza, direta ou indireta, para tolerar a exploração ou a prática de jogos de azar, de lenocínio, de narcotráfico, de contrabando, de usura ou de qualquer outra atividade ilícita, ou aceitar promessa de tal vantagem;

8. Comentários

O mais importante no referido tipo é a expressão "qualquer outra atividade ilícita". É que ele torna apenas exemplificativo o rol de atividades ilegais citadas na parte inicial do dispositivo legal.

O descaminho (art. 334 do CP), por exemplo, que não consta no rol também está abarcado pela norma porque se insere no *standard* "qualquer outra atividade ilícita". Comete esse ato de improbidade o agente que tenha o dever de fiscalizar e reprimir a exploração ou a prática de jogos de azar, de lenocínio, de narcotráfico, de contrabando, de usura ou de qualquer outra atividade ilícita. Nesse núcleo, insere-se o poder de polícia administrativa (fiscais, guarda municipal, etc.) bem como o poder de polícia preventivo e repressivo a ser exercido pelas polícias civil, militar, federal, dentre outras.

O referido inciso deve ser lido de forma conjugada com o *caput* do artigo. A unidade básica da articulação é o artigo, seguido de parágrafos, incisos, alíneas, etc. Não pode o inciso dispor de forma contrária ao *caput* do artigo. As condutas previstas no artigo 9º da LIA são marcadas pelo enriquecimento ilícito, ou seja, "auferir qualquer tipo de vantagem patrimonial indevida". Aceitar, por exemplo, uma "promessa de vantagem" não perfectibiliza o tipo, devendo a conduta ser observada à luz do que dispõe o artigo 11 da LIA.[37]

Artigo 9°, VI

Receber vantagem econômica de qualquer natureza, direta ou indireta, para fazer declaração falsa sobre medição ou avaliação em obras públicas ou qualquer outro serviço, ou sobre quantidade, peso, medida, qualidade ou característica de mercadorias ou bens fornecidos a qualquer das entidades mencionadas no artigo 1º desta lei;

9. Comentários

Pune-se o recebimento, não bastando a simples aceitação de promessa. Em especial, trata-se de conduta determinada, ligada ao feixe de atribuições, praticada por aquele que, investido em cargo, emprego ou função, tem o dever de proceder a avaliações, de atestar pesos, medidas, qualidades e quantidades, ou seja, aquele que atesta a liquidação, a veracidade entre o recebido e o constante da nota.[38]

Artigo 9°, VII

Adquirir, para si ou para outrem, no exercício de mandato, cargo, emprego ou função pública, bens de qualquer natureza cujo valor seja desproporcional à evolução do patrimônio ou à renda do agente público;

---

[37] "De qualquer forma, a figura genérica será sempre passível de aplicação quando resultar infrutífera a tentativa de subsunção dos fatos à casuística dos incisos do art. 9º. As condutas ilícitas são indicadas pelos verbos auferir, receber, perceber, aceitar, utilizar, usar, adquirir e incorporar, os quais sempre terão por objeto uma vantagem patrimonial não autorizada em lei. O agente público que tão somente solicita a vantagem indevida, não materializando o seu intento, terá sua conduta passível de enquadramento na tipologia do art. 11 da Lei n. 8.429/1992, já que não configurado o enriquecimento ilícito". GARCIA, Emerson. ALVES, Rogério Pacheco. *Improbidade Administrativa*. 7. ed. São Paulo: Saraiva, 2013, p. 359.

[38] "Claro que só se enquadra nesse dispositivo o agente público que detém atribuição funcional, em face de sua qualificação técnica, em entidade pública que contrata obra, serviço ou fornecimento de bens, para medi-los ou avaliá-los. Logo, pratica esse ato de improbidade, por exemplo, o funcionário da Prefeitura Municipal que tem atribuição de receber definitivamente as mercadorias por ela compradas mediante licitação, depois de verificar sua adequação (qualidade, quantidade e outras características) às cláusulas contratuais, emitindo termo de recebimento de conteúdo não verdadeiro quanto aos itens que tem obrigação funcional de examinar e atestar". (PAZZAGLINI FILHO, Marino. *Lei de Improbidade Administrativa Comentada:* aspectos constitucionais, administrativos, civis, criminais, processuais e de responsabilidade fiscal; legislação e jurisprudência atualizadas. 5. ed. São Paulo: Atlas, 2011, p. 54).

10. Comentários

É preciso ter cuidado ao se presumir improbidade administrativa quando a evolução patrimonial seja desproporcional à renda do agente público. O que a lei tutela é a dissimulação da natureza, origem, propriedade de bens, direitos ou valores provenientes, direta ou indiretamente, de atividades ilícitas. O agente público pode vir a receber uma herança e, através dela, adquirir bens até então desproporcionais a sua evolução patrimonial. Pode, ainda, conforme regulamentação específica e compatibilidades previstas na Constituição Federal e na legislação extravagante, ser empresário, exercer outra atividade externa que permita compatibilidade de horários, enfim, prestar um serviço ou fornecer produto que lhe dê lastro à evolução patrimonial. Tamanha, pois, a importância de declaração prevista no artigo 13 da LIA que, anualmente, é atualizada e deve fazer constar todos esses elementos.

Artigo 9°, VIII

Aceitar emprego, comissão ou exercer atividade de consultoria ou assessoramento para pessoa física ou jurídica que tenha interesse suscetível de ser atingido ou amparado por ação ou omissão decorrente das atribuições do agente público, durante a atividade;

11. Comentários

A referida previsão tem íntima ligação com o artigo 321 do CP, que preconiza: "Patrocinar, direta ou indiretamente, interesse privado perante a administração pública, valendo-se da qualidade de funcionário".

A questão que vem a lume é: basta aceitar emprego, comissão ou exercer consultoria para pessoa física ou jurídica que tenha interesse suscetível de ser atingido ou amparado por ação ou omissão das atribuições do agente público durante a atividade para caracterizar improbidade administrativa? Ou se exige vinculo, materialização do resultado, enriquecimento advindo de um favorecimento decorrente de conduta ímproba?

Acredita-se que a materialização da improbidade administrativa é imprescindível para a caracterização do tipo, já que este exige enriquecimento ilícito. Se não ficar demonstrado, de forma clara a precisa, o "ganho" indevido dessa relação, não há improbidade administrativa do artigo 9º da LIA, devendo-se apurar a ilegalidade ou não da conduta a partir de outros prismas.

O Código de Processo Civil inovou, no que toca às causas de impedimento, trazendo previsão que, de alguma forma, se amolda ao tipo aqui referido. Há impedimento do juiz – e esse impedimento se aplica ao Ministério Público, auxiliares da justiça e demais sujeitos imparciais do processo (art. 148 do CPC) – sendo-lhe vedado exercer suas funções no processo "em que figure como parte instituição de ensino com a qual tenha relação de emprego ou decorrente de contrato de prestação de serviços".

Porém, renove-se: para fins do artigo 9º da LIA, defende-se a necessidade de existência de enriquecimento ilícito, não bastando o mero cruzamento de dados e relações de trabalho.

Artigo 9°, IX

Perceber vantagem econômica para intermediar a liberação ou aplicação de verba pública de qualquer natureza;

12. Comentários

Pune-se a figura do lobista que, em conluio com o *intraneus*, manipula as negociações nas instâncias dos poderes da esfera pública para benefício próprio e de terceiros.

A atividade de lobista foi incluída na lista da Classificação Brasileira de Ocupações em fevereiro de 2018. Tramita, no Congresso Nacional, o PL 1202/2007, que disciplina a atividade de *lobby* e a atuação dos grupos de pressão ou de interesse e assemelhados no âmbito dos órgãos e entidades da Administração Pública Federal.

O projeto de lei traz uma definição legal de *Lobby*: "pressão, o esforço deliberado para influenciar a decisão administrativa ou legislativa em determinado sentido, favorável à entidade representativa de grupo de interesse, ou de alguém atuando em defesa de interesse próprio ou de terceiros, ou em sentido contrário ao interesse de terceiros".

No projeto legislativo, há, inclusive, previsão de remuneração dessa atividade. Diante desse contexto, há de se interpretar com certa serenidade esse dispositivo. Se a atividade de "lobista" está incluída na lista de Classificação Brasileira de Ocupações do Ministério do Trabalho, a princípio, não configura ato de improbidade representar pessoa física ou jurídica para fins de que seja liberada ou aplicada determinada verba pública, para que se postulem isenções, dentre outras questões importantes ao desenvolvimento.

Valem, pois, os critérios que irradiam a lei: honestidade, lealdade e inexistência de ma-fé. Se essa intervenção para liberação ou aplicação de verba pública não contar com atos de corrupção (ativa e passiva), advocacia administrativa, dentre outras ilegalidades, há de se ter como lícita a atividade.

Artigo 9°, X

Receber vantagem econômica de qualquer natureza, direta ou indiretamente, para omitir ato de ofício, providência ou declaração a que esteja obrigado;

13. Comentários

A previsão encontra correspondência no artigo 317, §§ 1º e 2º, do CP, que trata da corrupção na modalidade simples, majorada e qualificada. Caracteriza corrupção passiva "solicitar ou receber, para si ou para outrem, direta ou indiretamente, ainda que fora da função ou antes de assumi-la, mas em razão dela, vantagem indevida, ou aceitar promessa de tal vantagem". A pena é majorada em um terço se, em consequência da vantagem ou promessa, o funcionário retarda ou deixa de praticar qualquer ato de ofício ou o pratica infringindo dever funcional. É qualificada se o funcionário pratica, deixa de praticar ou retarda ato de ofício, com infração de dever funcional, cedendo a pedido ou influência de outrem.

Alerta-se, porém, que para fins de improbidade, assim como referido nos outros dispositivos, não basta a mera aceitação. Exige-se o recebimento da vantagem.

Artigo 9°, XI

Incorporar, por qualquer forma, ao seu patrimônio bens, rendas, verbas ou valores integrantes do acervo patrimonial das entidades mencionadas no artigo 1° desta lei;

14. Comentários

Trata-se do peculato-apropriação previsto no artigo 312 do CP, que preconiza: "apropriar-se o funcionário público de dinheiro, valor ou qualquer outro bem móvel, público ou particular, de que tem a posse em razão do cargo, ou desviá-lo, em proveito próprio ou alheio".

Como ensina Marcelo Figueiredo, "As rendas públicas (aqui, são tomadas no sentido mais amplo possível) também integram o conceito de patrimônio para fim de proteção legal. Não importa se entradas provisórias ou definitivas (receitas), se originárias, derivadas ou transferidas, ou se créditos públicos. Todas submetem-se ao regime legal, não podendo o administrador dispor das mesmas ao seu talante e alvedrio. O dispositivo vai além: cogita de 'incorporação' de bens, rendas, verbas ou valores. É patente a intenção legal. Marca e delimita o óbvio. O patrimônio público pertence às entidades ou pessoas jurídicas de direito público ou privado (estatais ou paraestatais), não se confundindo com o patrimônio de seus eventuais diretores, presidentes ou gestores".[39]

Artigo 9°, XII

Usar, em proveito próprio, bens, rendas, verbas ou valores integrantes do acervo patrimonial das entidades mencionadas no artigo 1° desta lei.

15. Comentários

O inciso guarda relação com a disposição anterior. Enquanto naquela, o agente incorpora valores ao seu patrimônio, nesta ele utiliza, consome, em proveito próprio, bens, rendas, verbas ou valores.

[39] FIGUEIREDO, Marcelo. *Probidade Administrativa:* Comentários à Lei 8.429/92 e legislação complementar. 5. ed. São Paulo: Malheiros Editores, 2004, p. 99.

Artigo 10

Constitui ato de improbidade administrativa que causa lesão ao erário qualquer ação ou omissão, dolosa ou culposa, que enseje perda patrimonial, desvio, apropriação, malbaratamento ou dilapidação dos bens ou haveres das entidades referidas no artigo 1° desta lei, e notadamente:

1. Comentários

Da mesma forma como nos artigos 9° e 11, o artigo 10 da LIA não traz um rol taxativo de atos de improbidade que causem prejuízo ao erário. Admite-se que outros casos aqui não expressos, desde que, devidamente descritos e delineados na ação civil pública, possam instaurar um processo válido e regular que busque a condenação pela prática ímproba de perda patrimonial, desvio, apropriação, malbaratamento ou dilapidação dos bens e valores das entidades referidas no artigo 1° desta lei.

2. Dano presumido

Extrai-se da doutrina[40] e da jurisprudência ampla discussão sobre a questão do dano presumido como elemento caracterizador da improbidade administrativa.

---

[40] Hager leciona: "questão tormentosa diz respeito aos casos de ocorrência de dano presumido. Há quem propugne que a lei de improbidade contempla hipóteses de dano presumido e que a ocorrência de uma de suas hipóteses é suficiente para provocar a incidência da Lei n° 8.429/92. Acerca disso fazem-se necessárias algumas observações. A primeira é constantemente repetida ao longo do presente trabalho: a improbidade exige dolo. Jamais poderá haver improbidade administrativa por culpa. A segunda é que a tese do dano presumido somente pode prevalecer em face dos arts. 9° e 11 da Lei n° 8.429/92. A aplicação do art. 10 exige a ocorrência de um dano efetivo. Chega-se a essa conclusão mediante uma interpretação sistemática da lei de improbidade. As penas aplicáveis aos arts. 9° e 11 estão previstas respectivamente nos incisos I e III do art. 12 da lei que ora se analisa. Observa-se claramente que ambos os dispositivos determinam o ressarcimento integral do dano '*quando houver*' e '*se houver*'. Isso ocorre porque é possível o enriquecimento ilícito sem prejuízo ao patrimônio público e também a ofensa aos incisos do art. 11 sem que seja possível identificar a ocorrência de um dano quantificável patrimonialmente. É por essa razão que nesses casos o dano é presumido, pois sua inexistência implicaria até mesmo a impossibilidade de punição. Não haveria sentido em punir alguém que não causou nenhuma espécie de prejuízo a ninguém. O inciso II do art. 12 que determina as penas aplicáveis em face de incidência e, uma das hipóteses tipificadas pelo art. 10 da lei de improbidade, no entanto, determina como punição obrigatória o ressarcimento integral do dano. As expressões *quando houver* e *se houver* não foram utilizadas. A consequência é que a aplicação do art. 10 da Lei n° 8.429/92 exige a ocorrência de um dano patrimonial. Casos nos quais a atitude seja formalmente

O STJ já teve a oportunidade de se debruçar sobre a matéria nos autos da REsp 17355484, DJ 11.06.2018, voto da lavra do Ministro Sérgio Kukina. No exame da Operação Sanguessuga, entendeu que: "Com efeito, a jurisprudência deste Superior Tribunal de Justiça firmou-se no sentido de que a existência de irregularidades em procedimento licitatório gera lesão ao erário, na medida em que o Poder Público deixa de contratar a melhor proposta, dando ensejo ao chamado *dano in re ipsa*, decorrente da própria ilegalidade do ato praticado, descabendo exigir do autor da ação civil pública prova a respeito do tema".

Há de se opor argumentos contrários ao reconhecimento de um ato como improbidade administrativa a partir de uma presunção. Não é possível afirmar, com uma certeza processual, que toda irregularidade em procedimento licitatório gera lesão ao erário porque o Poder Público deixa de contratar a melhor proposta. Consabido, a administração pública trabalha com tomada de preços, com pauta de valores. Não se está a afirmar que isso dispensaria um processo licitatório. O que se quer dizer é que, da irregularidade de uma contratação equivocada que, porventura, esteja abaixo dos padrões quantitativos e qualitativos existentes no mercado, forçoso reconhecer a inexistência de dano para fins de improbidade administrativa prevista no artigo 10 da LIA.

O Supremo Tribunal Federal e o Superior Tribunal de Justiça, ao tratar dos crimes licitatórios, em especial, o artigo 89 da Lei nº 8.666/93, divergem sobre a necessidade de ocorrência de prejuízo para a caracterização do delito.

Porém, dos autos do STF – HC 155440-RS –, foi concedida ordem para restabelecer absolvição decretada em primeira instância, oportunidade em que o Ministro Gilmar Mendes faz, no *writ*, apontamentos acerca de conduta proba: "(...)esta Suprema Corte tem entendido que não basta o dolo genérico, consistente na vontade consciente de dispensar ou inexigir licitação fora das hipóteses legais. Exige-se a demonstração de uma específica intenção de lesar o erário". Mais adiante, assevera: "No mesmo sentido: Inquérito 2.646/RN, Rel. Min. Dias Toffoli; Inquérito 3.077, Relator Min. Dias Toffoli; Ação Penal 409, Relator Min. Carlos Britto; Inquérito 2.588, Redator para acórdão Min. Luiz Fux; e Ação Penal 527, Rel. Min. Dias Toffoli.Esse posicionamento visa estabelecer uma necessária distinção entre o administrador probo que, sem má-fé, aplica de forma errônea ou equivocada as intrincadas normas de dispensa e inexigibilidade de licitação, previstas

---

ilícita, mas não ocasionem dano, não se enquadram nem mesmo em tese nas hipóteses previstas pelo art. 10". (HARGER, Marcelo. *Improbidade administrativa:* comentários à Lei nº 8.429/92. São Paulo: Atlas, 2015, p. 117-118).

nos artigos 24 e 25 da Lei nº 8.666/93, daquele que dispensa o certame que sabe ser necessário na busca de fins espúrios".

A lei de improbidade administrativa, quando trata de equívocos acerca dos expedientes de dispensa ou inexigibilidade, não pode ser lida isoladamente, senão cotejando-se a ideia do prejuízo, elemento que perpassa por outros ramos do direito.

Artigo 10, I

Facilitar ou concorrer por qualquer forma para a incorporação ao patrimônio particular, de pessoa física ou jurídica, de bens, rendas, verbas ou valores integrantes do acervo patrimonial das entidades mencionadas no artigo 1º desta lei;

3. Comentários

Não se olvide a redação do artigo 9º, XI, da LIA, que traz como ato de improbidade da qual decorre enriquecimento ilícito a conduta de "incorporar, por qualquer forma, ao seu patrimônio bens, rendas, verbas ou valores integrantes do acervo patrimonial das entidades mencionadas no artigo 1° desta lei". Para fins de prática de conduta ímproba da qual decorra dano ao erário, dolosa ou culposa, pune-se a conduta que facilita ou concorre, por qualquer forma, para incorporação privada de patrimônio público.

Veja-se que a lei pune, por enriquecimento ilícito, o ato de tomar para si o patrimônio público e, por prejuízo ao erário, a conduta de facilitar ou concorrer para que terceiro (pessoa física ou jurídica) o incorpore. No que toca ao elemento normativo "qualquer forma", de antemão, já é preciso dizer que cabe ao autor da ação de improbidade dizer com, quando, de que modo e forma o acusado da prática ímproba concorreu para a incorporação. Não basta, simplesmente, dizer que era ocupante de cargo público e, como tal, tinha o dever de zelar pelo patrimônio. A premissa até é verdadeira, mas não conduz à instauração de um processo válido e regular sob pena de se ter de trazer ao polo passivo tantas outras instituições que exercem o controle externo do patrimônio público.

O patrimônio público possui regras próprias de afetação e desafetação, podendo ser vendidos, permutados, doados, etc. Por evidente, quem permite que terceiro se aproprie de bem público de forma dolosa, ou seja, com pleno conhecimento da ilicitude e da culpabilidade de sua conduta, comete não só a conduta ímproba como estará sujeito a consequências em âmbito criminal.

A questão que vem a lume é: é ato culposo? Poderia o agente ser responsabilizado, por exemplo, por conduta negligente acerca do controle do patrimônio? Acredita-se que sim. Preconiza o artigo 94 da Lei nº 4.320/64 que: "Haverá registros analíticos de todos os bens de caráter permanente, com indicação dos elementos necessários para a perfeita caracterização de cada um deles e dos agentes responsáveis pela sua guarda e administração".

Na administração pública direta e indireta, devem existir agentes responsáveis pela guarda e administração dos bens públicos. A falha destes, em específico, pode ou não resultar em ato de improbidade. Valem, aqui, os comentários antes dirigidos à diferenciação ontológica entre erro administrativo e ato de improbidade. São as circunstâncias, a reiteração, o sistema oferecido para esse controle, a capacitação do servidor e que levarão a concluir tenha havido ou não improbidade. Assunto intrigante envolve a prática da improbidade em comento a partir da existência de lei ou mesmo de dispensa de licitação. Configura ato de improbidade a conduta que, por exemplo, doa área pública e permite a incorporação dela ao patrimônio de pessoa física ou jurídica? Doar área pública, respeitadas as formalidades legais e, no interesse público, não configura ato de improbidade administrativa.

Não obstante, é claro que são auditáveis as "formalidades legais" e o "interesse público". A exposição de motivos da lei, por exemplo, diz ou deveria dizer muito sobre as razões de interesse público que motivaram a doação do bem, tais como apontamentos econômicos (número de empregos, geração de renda), culturais (preservação da história), etc. Já a dispensa de licitação (art. 17, § 4º, da Lei nº 8.666/93) traz expressa a necessidade de exposição de interesse público "devidamente justificado".

O próprio artigo 26 do mesmo diploma assevera que: "As dispensas previstas nos §§ 2º e 4º do artigo 17 e no inciso III e seguintes do artigo 24, as situações de inexigibilidade referidas no artigo 25, necessariamente justificadas, e o retardamento previsto no final do parágrafo único do artigo 8º desta Lei deverão ser comunicados, dentro de 3 (três) dias, à autoridade superior, para ratificação e publicação na imprensa oficial, no prazo de 5 (cinco) dias, como condição para a eficácia dos atos", devendo o processo de dispensa ser instruído com "caracterização da situação emergencial, calamitosa ou de grave e iminente risco à segurança pública que justifique a dispensa, quando for o caso, razão da escolha do fornecedor ou executante, justificativa do preço e documento de aprovação dos projetos de pesquisa aos quais os bens serão alocados".

O Superior Tribunal de Justiça, nos autos do REsp 1502352/SC, DJ 21.03.2018, teve a oportunidade de se debruçar sobre a matéria, oportunidade em que manteve condenação de ato por improbidade administrativa em face da existência de desvio de finalidade na doação de bem imóvel.

Artigo 10, II

Permitir ou concorrer para que pessoa física ou jurídica privada utilize bens, rendas, verbas ou valores integrantes do acervo patrimonial das entidades mencionadas no artigo 1º desta lei, sem a observância das formalidades legais ou regulamentares aplicáveis à espécie;

4. Comentários

As condutas coibidas são permitir ou concorrer. A primeira diz sobre aquele que tem autorização, competência, conduta ligada à função para possibilitar que pessoa física ou jurídica utilize bens, verbas ou valores integrantes do acervo patrimonial das entidades mencionadas no artigo 1º desta lei.

A segunda, o "concorrer", trata da coautoria, da participação a partir de uma conduta que deve ser devidamente explicitada na inicial de improbidade, não podendo, como se vem, há muito, discutindo ao longo de vários tópicos, a textura "qualquer modo" velar uma inépcia e desobrigar a parte autora da ação de improbidade de narrar o fato com todas as suas circunstâncias.

5. Sem observância das formalidades legais ou regulamentares

De plano registre-se: não há uma vedação absoluta para que pessoa física ou jurídica utilize bens, rendas, verbas ou valores integrantes do acervo patrimonial das entidades mencionadas no artigo 1º desta lei.[41]

O que há, sim, são condicionantes, requisitos, restrições, impostas em lei, para que esse uso seja regrado, regulamentado, de modo a

[41] A regra é que este utilize tais bens em benefício da sociedade, desenvolvendo as atividades que lhe são conferidas, admitindo-se excepcionalmente o uso pelo particular, mediante a observâncias dos requisitos legais ou regulamentares, motivado pelo alcance do interesse público. (MARTINS JR., Wallace Paiva. *Probidade administrativa*. 4. ed. São Paulo: Saraiva, 2009, p. 256)

atender tantos outros princípios que regem a administração pública. Em regra geral, o uso privado de espaços públicos (bens imóveis e móveis) se dá através de autorizações ou mesmo permissões. Já o uso privado de verba pública pode se dar através de convênio. O que a lei exige é a obediência às formalidades legais e regulamentares aplicáveis à espécie.

6. Dolo e culpa

Corolário de quem trabalha na administração pública é ter em mente que os atos administrativos que permitem a utilização de bens, rendas, verbas ou valores integrantes do acervo patrimonial tem forma, em regra, escrita.

Não é dado a ninguém se escusar de cumprir a lei, alegando que não a conhece (art. 3º da LINDB). Há dolo na conduta que, sem motivação, sem obediência a qualquer parâmetro, simplesmente permite ou concorre para que terceiro se valha do acervo patrimonial à míngua de qualquer ato formal. Questão outra é examinar eventual conduta culposa – a culpa grave ou qualificada que distingue improbidade de irregularidade administrativa – naqueles atos que permitem a utilização privada do acervo patrimonial, porém, não adotando as devidas formalidades legais e regulamentares à espécie.

Efetivamente, foram adotadas formalidades, porém, sem a melhor técnica, o melhor trâmite, a melhor sequência. Em casos como esse, é preciso estender olhar atento às circunstâncias fáticas, à dimensão social e cultural do local onde isso aconteceu. Uma formalidade que possa parecer extremamente simples para a capital paulista, certamente não é para municípios em baixo estágio de desenvolvimento.

Ainda, a existência de órgãos de controle, de departamentos jurídicos dizem muito se foram ou não tomadas providências prévias no sentido de se buscar auxílio para formalização do ato.

Por derradeiro, pensa-se que a reiteração, após recomendação, alerta, aviso, glosa, seja o elemento preponderante a caracterizar dolo e culpa para os fins da improbidade. Uma vez ciente, quer por meio de apontamento do Tribunal de Contas da União, do Estado ou do Município, quer por recomendação do Ministério Público ou, ainda, por parecer jurídico no sentido de que a formalidade deveria ser outra, tem-se um caso claro de processamento por ato de improbidade, devendo a instrução do processo relevar outras *nuances* e melhor esclarecer o ocorrido.

7. Improbidade e princípio da insignificância

Tanto na doutrina[42] quanto na jurisprudência há discussões acerca da aplicação do princípio da insignificância em ações de improbidade administrativa.

O Superior Tribunal de Justiça, nos autos do MS 15917 e do REsp 1536895, acabou por enfrentar a temática e tomar diferentes decisões. Não se olvide a redação da Súmula 599 do STJ que dispõe: "o princípio da insignificância é inaplicável aos crimes contra a administração pública". Porém, o próprio Superior Tribunal, nos autos do RHC 85272, acabou por afastar a aplicação da súmula no caso concreto. É prematuro dizer ser incabível a aplicação do princípio da insignificância para todo e qualquer ato de improbidade, desconsiderando-se, ainda, a ocorrência ou dimensão do prejuízo. Cabe, sim, avaliação do caso concreto, existência ou não de reiteração da conduta (a habitualidade afasta a aplicação do princípio da insignificância conforme entendimento do STF nos autos do HC 114462), dimensão do prejuízo, histórico do ocupante do cargo público.

Artigo 10, III

Doar à pessoa física ou jurídica bem como ao ente despersonalizado, ainda que de fins educativos ou assistências, bens, rendas, verbas ou valores do patrimônio de qualquer das entidades men-

---

[42] Harger sustenta que: "Caso o dano decorrente da fruição seja de pequena monta, poderá dar-se a incidência do princípio da insignificância nos termos já expostos no item 3.12 do presente trabalho" (HARGER, Marcelo. *Improbidade administrativa:* comentários à Lei nº 8.429/92. São Paulo: Atlas, 2015, p. 119). Para Marçal Justen Filho, "A jurisprudência do STJ tem variado no tocante a aplicação à improbidade do princípio da bagatela. Amplamente difundido no direito penal, o princípio da bagatela configura o oposto da tolerância zero. Afirma que condutas ilícitas que versem sobre bens jurídicos de pequeno relevo econômico não devem ser consideradas como penalmente puníveis. No tocante a ilicitude administrativa, o princípio da bagatela deve ser analisado com extrema cautela. Como regra, não deve ser aplicado, especialmente porque o ilícito administrativo acarreta danos a capacidade de o Estado desempenhar a sua função de promover a satisfação de direitos fundamentais da população. Mas não é possível identificar todo e qualquer ilícito administrativo com a improbidade. Uma peculiaridade essencial da improbidade é a sua gravidade diferenciada, que exige uma reprovação exercebada. Portanto, o princípio da bagatela não deve ser generalizado no tratamento do ilícito administrativo em geral, mas deve ser albergado no tocante a improbidade. Mas apenas a conduta defeituosa eivado de elevado grau de reprovabilidade, que configure um escárnio aos deveres inerentes à sua função pública, poderá acarretar sancionamento proporcionalmente severo. Assim se passa mesmo que a dimensão econômica do dano acarretado seja diminuta (bagatela). Sob esse aspecto, a punição por improbidade apresenta inclusive uma função simbólica: é necessária para evidenciar ao conjunto da comunidade que o desvio grave não será tolerado." (JUSTEN FILHO, Marçal. *Curso de Direito Administrativo.* 12 ed. São Paulo: Revista dos Tribunais, 2016, p. 934).

cionadas no artigo 1º desta lei, sem observância das formalidades legais e regulamentares aplicáveis à espécie;

8. Comentários

A conduta do tipo é doar, ato que deve estar dentro do espectro de competência do agente. Acredita-se que o artigo veio com o objetivo de regrar questões assistenciais. Dispõe o artigo 26 da LC 101/00 que "a destinação de recursos para, direta ou indiretamente, cobrir necessidades de pessoas físicas ou déficits de pessoas jurídicas deverá ser autorizada por lei específica, atender às condições estabelecidas na lei de diretrizes orçamentárias e estar prevista no orçamento ou em seus créditos adicionais". Doações de casas populares, aluguel social, cestas básicas, entre outras, devem receber a devida regulamentação prévia.

9. Dolo e culpa

Como já referido neste artigo, consequência lógica de quem trabalha na administração pública é ter em mente que os atos administrativos que doam bens ou valores necessitam de forma escrita. Essa liberalidade, por quem tem competência, deve obedecer à legislação que estipula formas e condições para que isso ocorra.[43] Vale aqui, da mesma forma, a leitura que se tem feito ao longo de todos os artigos comentados.

É preciso observar com cuidado a dimensão social e cultural do local onde isso aconteceu. Uma formalidade que possa parecer extremamente simples para uma capital paulista, certamente não é para outro município. A existência de órgãos de controle, de departamentos jurídicos, de providências prévias de recomendações do Ministério Público ou apontamento do Tribunal de Contas são elementos importantes na apreciação do dolo e da culpa e na diferenciação de irregularidade administrativa e ato de improbidade.

[43] No entanto, a lei restringiu a hipótese sancionada ao instituto da doação de bens ou recursos públicos, desprezando o apuro técnico, pois nem sempre as atividades assistenciais ou particulares são fomentadas através de doações, mas também de empréstimos, cessões gratuitas etc. no art. 10, III, 85. Mas, a doação (pura ou com encargo, condicionada) de bens ou recursos públicos a tais entes deve sempre observar as formalidades legais ou regulamentares, exigíveis à hipótese. Diz-se formalidades querendo aludir-se aos requisitos específicos (autorização legislativa, ausência de impedimentos, como a falta de prestações de contas, adequação da finalidade estatutária e da composição do ente ao interesse público e suas normas) e genéricos (licitude, competência, forma, motivo, finalidade) do ato, residindo a lesão patrimonial justamente na preterição deles. MARTINS JR., Wallace Paiva. *Probidade administrativa*. 4. ed. São Paulo: Saraiva, 2009, p. 257)

Artigo 10, IV

Permitir ou facilitar a alienação, permuta ou locação de bem integrante do patrimônio de qualquer das entidades referidas no artigo 1º desta lei, ou ainda a prestação de serviço por parte delas, por preço inferior ao de mercado;

10. Comentários

Pune-se a alienação, permuta, locação ou prestação de serviços pelas entidades referidas no artigo 1º por preço inferior ao do mercado. As condutas abrangidas pelo tipo são "permitir" ou "facilitar". Dentro do feixe de atribuições, há quem seja responsável por permitir, ou seja, autorizar a alienação, a permuta, a locação ou a prestação de serviços e há quem a facilite, isto é, de forma deliberada ou por imprudência, negligência ou imperícia dá meios, fundamentos, forma ao ato ímprobo.

11. Exame mercadológico

Em se tratando de discussão sobre valor de mercado em tipo de improbidade que exige prejuízo para a sua caracterização, o julgamento não prescinde de exame mercadológico, sobretudo se essa for a questão controvertida no processo. Preconiza o artigo 464 do CPC que "a prova pericial consiste em exame, vistoria ou avaliação" e que o juízo indeferirá a perícia quando "a prova do fato não depender de conhecimento especial de técnico", for "desnecessária em vista de outras provas produzidas" ou a verificação for "impraticável".

Estabelece, ainda, o § 2º do mesmo artigo que, "de ofício ou a requerimento das partes, o juiz poderá, em substituição à perícia, determinar a produção de prova técnica simplificada, quando o ponto controvertido for de menor complexidade", assim entendida como "inquirição de especialista, pelo juiz, sobre ponto controvertido da causa que demande especial conhecimento científico ou técnico".

Conforme § 4º, "o especialista, que deverá ter formação acadêmica específica na área objeto de seu depoimento, poderá valer-se de qualquer recurso tecnológico de transmissão de sons e imagens com o fim de esclarecer os pontos controvertidos da causa". Consabido, existem vários fatores que determinam o preço, tais como: oferta, procura, quantidade, qualidade, custo, concorrência, risco, câmbio, etc. Esses fatores sensíveis podem apresentar substanciais mudanças em curtos períodos de tempo.

O julgador, diante disso, muito embora não esteja adstrito a laudo, deve-se valer dos instrumentos de prova estabelecidos no ordenamento processual para melhor prestar jurisdição. Mas e se a inicial já vier instruída com exame acerca dos preços ou mesmo apontamentos de órgãos de controle que demonstrem tenha havido alienação, permuta, locação ou prestação de serviços pelas entidades referidas no artigo 1º que aponte tenha havido preço inferior ao do mercado? Não seria essa a causa de indeferimento de perícia prevista no artigo 464, § 1º, inc. II, do CPC?

Não se confundam documentos unilaterais com prova produzida, essa última devendo ser entendida como aquela realizada sob a égide da ampla defesa e do contraditório, em processo judicial, tal como determina o artigo 5º, LV, da CF/88. Questão diversa é a que preconiza o artigo 472 do CPC: "O juiz poderá dispensar prova pericial quando as partes, na inicial e na contestação, apresentarem, sobre as questões de fato, pareceres técnicos ou documentos elucidativos que considerar suficientes". Nesse caso, havendo a matéria controvertida repousado na existência de dois documentos técnicos, antagônicos, vindo a entender o juízo que a matéria resta esclarecida (art. 480 do CPC), apreciará a prova "de acordo com o disposto no artigo 371, indicando na sentença os motivos que o levaram a considerar ou a deixar de considerar as conclusões do laudo, levando em conta o método utilizado pelo perito", tudo como ordena o artigo 479 do CPC.

Artigo 10, V

Permitir ou facilitar a aquisição, permuta ou locação de bem ou serviço por preço superior ao de mercado;

12. Comentários

Preconiza o artigo 2º da Lei nº 8.666/93 que "as obras, serviços, inclusive de publicidade, compras, alienações, concessões, permissões e locações da Administração Pública, quando contratadas com terceiros, serão necessariamente precedidas de licitação, ressalvadas as hipóteses previstas nesta Lei".

De plano, registre-se: quem pauta os preços, as avaliações, as quantidades e qualidades, é a administração pública, e não o fornecedor de produto ou serviço do âmbito privado. Salvo conluio, acordo, combinação, de preços ou de eliminação da concorrência, não há de se falar em responsabilidade, por ato de improbidade, advinda do âmbito privado.

A lucratividade é – e não poderia ser diferente – a pauta de uma empresa que deve visar ao lucro e que assume os riscos da atividade econômica. Deve ela, por questão de sobrevivência, buscar os melhores preços de venda de produto ou fornecimento de serviço.

Não há espaço, ainda, para se fazer um paralelo entre os valores praticados perante um e outro ente público. Questões mercadológicas antes referidas, repita-se, quantidade, qualidade, solvência, câmbio, metas, autorizam a empresa a contratar na forma que melhor se amolde aos seus propósitos.

As condutas "permitir" ou "facilitar" a aquisição são dirigidas àqueles ocupantes de cargo, emprego ou função pública que, se não compete, dentre do campo de atribuições, permitir a aquisição, permuta ou locação, facilitam, de algum modo – e esse modo deve estar devidamente descrito – opinando de forma técnica ou jurídica para que o ato se perfectibilize.

13. Preço superior ao do mercado

Todas as considerações antes referidas sobre necessidade de exame mercadológico são aqui aplicáveis.

14. Dolo e culpa

Extrai-se conduta dolosa quando o agente, deliberadamente, permite ou facilita a aquisição, permuta ou locação de bem ou serviço por preço superior ao de mercado. Evidentemente que se estiver fazendo isso para benefício de terceiro em um expediente de conluio, acordo, troca de favores, um privilégio ou, ainda, uma "promoção" travestida de função gratificada, há de se averiguar a prática do artigo 9º da LIA, e não do inciso em comento. No que se refere à conduta culposa, vale a regra do exame minucioso da imprudência, negligência ou imperícia.

A simples aquisição, permuta ou locação de bem ou serviço por preço superior ao de mercado não conduz, necessariamente, a conclusão de prática de improbidade administrativa. É preciso distinguir conduta ímproba de erro administrativo, de transgressão disciplinar.

Em especial, no que toca ao sobrepreço, não raro, falta formação e atualização continuada acerca de aspectos mercadológicos. Exige-se que o autor da ação de improbidade dirija contra o agente que permitiu ou facilitou a aquisição, permuta ou locação de bem ou serviço por preço superior ao de mercado, fundamentos convincentes e idôneos de que o mesmo tinha, ao tempo do ato, perfeitas condições de, em exame acurado, observar a existência de sobrepreço.

Não se olvide a redação do artigo 15, II, da Lei nº 8.666/93, que estabelece que "as compras, sempre que possível, serão processadas através de sistema de registro de preços" e que "Os preços registrados serão publicados trimestralmente para orientação da Administração, na imprensa oficial" (art. 15, § 2º, da Lei nº 8.666/93) e que "Qualquer cidadão é parte legítima para impugnar preço constante do quadro geral em razão de incompatibilidade desse com o preço vigente no mercado" (art. 15, § 6º, da Lei nº 8.666/93).

Se qualquer cidadão pode impugnar preço constante em quadro geral, oportuno referir que o Ministério Público, o Tribunal de Contas, as Casas Legislativas, dentre outros, devem assim proceder. Uma vez publicizado, em imprensa oficial, os "preços registrados", quedando-se silentes aqueles órgãos de fiscalização, há de se observar com soslaio imputação de conduta ímproba culposa ao ocupante de cargo público por haver permitido ou facilitado aquisição, permuta ou locação de bem ou serviço por preço superior ao de mercado, preço esse que, há muito, já era do conhecimento daqueles órgãos de fiscalização.

Artigo 10, VI

Realizar operação financeira sem observância das normas legais e regulamentares ou aceitar garantia insuficiente ou inidônea;

15. Comentários

A operação financeira tem como objetivo gerar recursos. Em âmbito público, a Lei de Responsabilidade Fiscal (LC 101/00) traz a definição, para fins legais, de uma espécie de operação financeira, a operação de crédito, nos seguintes termos: "compromisso financeiro assumido em razão de mútuo, abertura de crédito, emissão e aceite de título, aquisição financiada de bens, recebimento antecipado de valores provenientes da venda a termo de bens e serviços, arrendamento mercantil e outras operações assemelhadas, inclusive com o uso de derivativos financeiros". Equipara-se, ainda, a operação de crédito a assunção, o reconhecimento ou a confissão de dívidas pelo ente da Federação (art. 29, III, e § 1º, da LC 101/00). A Lei de Responsabilidade Fiscal traz um escopo de regulamentação geral de operações de crédito e de garantia

16. Dolo e culpa

O tipo trabalha com o verbo "realizar" operação financeira, o que exige, a princípio, uma qualificação especial ou mesmo o provimento de um cargo específico que tenha nele essa atribuição. Aquele que realiza a operação financeira de forma contrária às normas legais e regulamentares pode ser responsabilizado por dolo ou culpa. Extrai-se conduta dolosa quando, mesmo cientificado, previamente, por corpo técnico e jurídico, de que a ação é irregular, mesmo diante de recomendações ou mesmo apontamentos de órgão de controle, realiza a operação e, com ela, causa dano ao erário. Importante rememorar que o artigo 10 da LIA pune a conduta dolosa que cause dano. Se a ação, ainda que indevida, não se materializou em dano, pode haver qualquer outra conduta, menos a improbidade aqui discutida.

No que toca à culpa, para fins de improbidade, esse dever de cuidado, de previamente ouvir os órgãos internos de controle e colaboração, tais como departamentos jurídicos, procuradorias, conselhos, etc., é elemento fundante. É inegável que, diante de pareceres técnicos e jurídicos, de manifestações de conselhos específicos, enfim, de órgãos que venham avalizar a operação, há uma "pulverização de culpas" e, por consequência, um esvaziamento do conceito de conduta ímproba. Do contrário, haver-se-ia de pensar na necessidade de exame de uma ação de improbidade administrativa com pluralidade de réus. Sabe-se do teor opinativo dos órgãos antes referidos e da previsão do tipo que esta a dirigir reprimenda a quem "realiza" a operação.

Porém, forçoso reconhecer que essas opiniões, levadas a termo, são atos administrativos, fundamentados, com exposição de motivos que podem vir a ser determinantes ao agente a quem cabe realizar a operação. Em casos como esse, ressalvado o exame de particularidades, tem-se com ausente conduta ímproba.

Artigo 10, VII

Conceder benefício administrativo ou fiscal sem a observância das formalidades legais ou regulamentares aplicáveis à espécie;

17. Comentários

Diversos são os benefícios administrativos que podem ser citados: aposentadoria, auxílios, licenças, progressões, promoções, dentre tantos outros. Por benefício tributário, importante tomar emprestado o conceito previsto no artigo 14, § 1º, da Lei de Responsabilidade Fiscal, ou seja, a anistia, a remissão, o subsídio, o crédito presumido, a concessão de isenção em caráter não geral, a alteração de alíquota ou modificação de base de cálculo que implique redução discriminada de tributos ou contribuições e outros benefícios que correspondam a tratamento diferenciado. A regulamentação também vem estabelecida naquele artigo.

Segundo o referido dispositivo, a concessão ou ampliação de incentivo ou benefício de natureza tributária da qual decorra renúncia de receita deverá estar acompanhada de estimativa do impacto orçamentário-financeiro no exercício em que deva iniciar sua vigência e nos dois seguintes, atender ao disposto na lei de diretrizes orçamentárias e a pelo menos uma das seguintes condições: I – demonstração pelo proponente de que a renúncia foi considerada na estimativa de receita da lei orçamentária, na forma do artigo 12, e de que não afetará as metas de resultados fiscais previstas no anexo próprio da lei de diretrizes orçamentárias; II – estar acompanhada de medidas de compensação, no período mencionado no *caput*, por meio do aumento de receita, proveniente da elevação de alíquotas, ampliação da base de cálculo, majoração ou criação de tributo ou contribuição. Faz, entretanto, ressalvas ao asseverar, no § 3º que esse artigo não se aplica: I – às alterações das alíquotas dos impostos previstos nos incisos I, II, IV e V do artigo 153 da Constituição, na forma do seu § 1º; II – ao cancelamento de débito cujo montante seja inferior ao dos respectivos custos de cobrança.

18. Dolo e culpa

O ato de "conceder" requer uma atribuição específica dentro do campo de atribuições de determinado cargo público. Presidentes de Autarquias, Chefes de Departamentos, Secretários da Fazenda, dentre outros, geralmente cabem a eles a concessão de um benefício administrativo ou tributário. Aquele que realiza a operação financeira de forma contrária às normas legais e regulamentares pode ser responsabilizado por dolo ou culpa.

Da mesma forma, extrai-se conduta dolosa quando, mesmo cientificado, previamente, por corpo técnico e jurídico de que a concessão é irregular, mesmo diante de recomendações ou mesmo apontamentos de órgão de controle, concede e, com ela, causa dano ao erário.

Por outro lado, para fins de improbidade culposa, esse dever de cuidado, de previamente ouvir os órgãos internos de controle e colaboração, tais como departamentos jurídicos, procuradorias, conselhos, etc., é elemento fundante. É inegável que, diante de pareceres técnicos e jurídicos, de manifestações de conselhos específicos, enfim, de órgãos que venham avalizar a operação, há a já referida "pulverização de culpas" e, por consequência, um esvaziamento do conceito de conduta ímproba.

Artigo 10, VIII

Frustrar a licitude de processo licitatório ou de processo seletivo para celebração de parcerias com entidades sem fins lucrativos, ou dispensá-los indevidamente;

19. Comentários

O dispositivo traz um misto entre as redações dos tipos criminais estabelecidos nos artigos 89 e 90, ambos da Lei nº 8.666/93. Segundo artigo 89, é crime "dispensar ou inexigir licitação fora das hipóteses previstas em lei, ou deixar de observar as formalidades pertinentes à dispensa ou à inexigibilidade" com pena de detenção de 3 (três) a 5 (cinco) anos, e multa.

Estabelece o artigo 90 que é crime "frustrar ou fraudar, mediante ajuste, combinação ou qualquer outro expediente, o caráter competitivo do procedimento licitatório, com o intuito de obter, para si ou para outrem, vantagem decorrente da adjudicação do objeto da licitação" com pena de detenção de 2 (dois) a 4 (quatro) anos, e multa.

20. O tipo penal e o tipo de improbidade

Diferentemente do artigo 10 da LIA, que prevê punição na modalidade dolosa e culposa, o tipo penal exige que a conduta seja dolosa. Em relação ao resultado, no âmbito da LIA, exige a ocorrência de prejuízo. Já sob a ótica penal, divergem os Tribunais Superiores sobre a necessidade de materialização do resultado prejuízo para a perfectibilização do delito.

21. Frustrar a licitude do processo licitatório

O elemento objetivo do tipo, qual seja, frustrar, pode-se perfectibilizar de várias maneiras como inviabilizar a ampla concorrência ao introduzir cláusulas específica, singular, no ato convocatório que assegure a vitória, desde a antes, a um único licitante já escolhido.[44]

---

[44] Segundo Justen Filho, "a primeira modalidade (frustrar) aperfeiçoa-se através da conduta que impede a disputa no procedimento licitatório". (*Comentários à Lei de Licitações e Contratos Administrativos*, Dialética, 2009, p. 870). Ainda, conforme Fazzio Jr.: "Frustrar licitação, para

22. Dispensá-lo indevidamente

O primeiro ponto relevante do tipo de improbidade a ser abordado é que ele encerra hipóteses de dispensa indevida, e não de inexigibilidade.[45] Rememore-se o tipo penal do artigo 89 da Lei nº 8.666/93: "Dispensar ou inexigir licitação fora das hipóteses previstas em lei, ou deixar de observar as formalidades pertinentes à dispensa ou à inexigibilidade". O legislador, no âmbito da improbidade, fez referência apenas às hipóteses de dispensa indevida.

Por evidente, não se está a dizer que uma inexigibilidade indevida não possa vir a caracterizar um ato de improbidade. O que se quer dizer, sim, é que nesta previsão específica ela não pode ser enquadrada. A contratação, por exemplo, de serviço técnico especializado (art. 25, I, da Lei nº 8.666/93), quando ausentes as características a que se refere o § 1º do artigo 25 da Lei das Licitações, não configura o tipo de improbidade em comento, devendo ser analisada a conduta a partir da textura aberta do *caput* do artigo 10 ou 11 da Lei de Improbidade.

23. Elemento subjetivo diverso do dolo (finalidade específica)

O tipo em comento trata de uma fraude com finalidade específica, ou seja, "frustrar a licitude de processo licitatório ou de processo seletivo para celebração de parcerias com entidades sem fins lucrativos".

Se o favorecimento não se dirigir à celebração de parcerias com entidades sem fins lucrativos, há de se perquirir a existência de improbidade à luz das texturas abertas do artigo 9º, 10 e 11 da Lei de Improbidade. Ainda, a inicial, neste caso, deve fazer ampla descrição sobretudo por ausência de previsão específica nos tipos de improbidade.

24. Existência de dano

Não se pode olvidar que o artigo em comento traz, como elementar, o dano. Não basta demonstrar que a licitação foi frustrada para que fosse celebrada uma parceria com entidade sem fim lucrativo se, ao final, essa parceria não trouxe dano à administração pública. A inicial de improbidade deve demonstrar, a partir de exame

---

Lei nº 8.429/92, compreende qualquer conduta de agente público e/ou competidor, individual ou plural, destinada a desvirtuar a competição pré-contratual, transformando o certame de seleção de eventuais contratantes com o Poder Público em ocasião para favorecimentos, fraudes e toda espécie de expedientes tendentes a prestigiar interesses particulares em prejuízo do interesse público." (FAZZIO JR., Waldo. *Improbidade Administrativa:* doutrina, legislação e jurisprudência. 4. ed. São Paulo: Atlas, 2016, p. 269).

[45] Como explicita Harger: "É importante ressaltar que o dispositivo que ora se comenta apenas faz referência à dispensa de licitação. Não menciona as hipóteses de inexigibilidade". HARGER, Marcelo. *Improbidade Administrativa:* comentários à Lei nº 8.429/92. São Paulo: Atlas, 2015, p. 123).

mercadológico, que aquele serviço, quantitativa ou qualitativamente, poderia ser melhor prestado em termos de custo e benefício, caso houvesse uma ampla concorrência.

Artigo 10, IX

Ordenar ou permitir a realização de despesas não autorizadas em lei ou regulamento;

25. Comentários

Configura crime de responsabilidade "ordenar ou efetuar despesas não autorizadas por lei, ou realizá-las em desacordo com as normas financeiras pertinentes" (art. 1°, V, do Decreto-Lei n° 201/67). Ainda, o Código Penal arrola como crime contra as finanças públicas ordenar despesa não autorizada em lei (art. 359-D do Código Penal). O artigo 15 da Lei de Responsabilidade Fiscal, de forma mais didática, explica que: "Serão consideradas não autorizadas, irregulares e lesivas ao patrimônio público a geração de despesa ou assunção de obrigação que não atendam o disposto nos arts. 16 e 17". Na referida lei, há um passo a passo de como a despesa do ente público deve ser realizada e da necessidade de estarem elas em conformidade com a Lei de Plano Plurianual, Lei de Diretrizes Orçamentárias e Lei do Orçamento Anual.

Artigo 10, X

Agir negligentemente na arrecadação de tributo ou renda, bem como no que diz respeito à conservação do patrimônio público;

26. Comentários

O tipo pune a negligência, a omissão, a falta de cuidado tanto com a arrecadação de tributos ou renda, como com a conservação do patrimônio público.

27. Agir negligente na arrecadação de tributo ou renda

O agir negligente na arrecadação diz com a constituição do crédito tributário nos prazos previstos em lei para que não se opere decadência, com os processos de fiscalização, notificação, autuação. É possível, ainda, caracterizar o tipo em juízo a partir de negligência ou abandono de causa (art. 485, II e III, do CPC), aqui entendidas as ações cíveis ou tributárias que tenham como objetivo a arrecadação de tributo ou renda.

Não se olvidem, todavia, os pressupostos de dolo e culpa já estabelecidos nesse trabalho, sobretudo a diferenciação entre conduta irregular e improbidade administrativa. A extinção de uma ação por abandono ou negligência não conduz a conclusão de que tenha havido improbidade administrativa. O histórico das ações, a movimentação dos servidores que tratam da matéria, a demanda exigida destes, a reiteração ou não da conduta, tudo deve ser examinado antes que se conclua tenha havido improbidade. O tipo de improbidade fala de um "agir negligente" no sentido de ações, de comportamento, de postura do agente e não de um único ato.

28. Negligência na arrecadação de transferências voluntárias e improbidade

O texto legal trouxe definições determinadas para o fim de classificação do ato como improbidade. Fala-se em arrecadação de tributo (imposto, taxa, contribuição) e de renda, assim entendida, aquela gerada pela administração a partir da exploração de seus serviços, de aplicações, de investimentos, etc. Preconiza o artigo 25 da Lei de Responsabilidade Fiscal que "entende-se por transferência voluntária a entrega de recursos correntes ou de capital a outro ente da Federação, a título de cooperação, auxílio ou assistência financeira, que não decorra de determinação constitucional, legal ou os destinados ao Sistema Único de Saúde". Disso extrai-se a seguinte indagação: ausência de entrega de documentos, solicitações, dentre outros, que resultem em uma não transferência de valores, ou seja, em uma perda de significativa receita, estaria a caracterizar o tipo? Entende-se que esse tipo específico não porque restringiu seu âmbito de incidência à arrecadação de tributo ou renda, não estando incluída aí a receita oriunda de transferência voluntária. Nada obsta, porém, devida a não taxatividade das condutas de improbidade, vir a conduta a ser examinada a partir das texturas abertas dos artigos 9º, 10 e 11 da LIA.

29. Negligência na conservação do patrimônio público

O cuidado com a existência e a conservação do patrimônio é um dever da gestão pública. A bem da verdade, o balanço patrimonial a que se referem os artigo 101 e seguintes da Lei nº 4.320/64 traz bens imóveis e móveis como elementos patrimoniais a serem considerados. Saber quantos são, onde estão e como estão os bens é um dever da administração.

Artigo 10, XI

Liberar verba pública sem a estrita observância das normas pertinentes ou influir de qualquer forma para a sua aplicação irregular;

30. Comentários

O Decreto-Lei nº 201/67 traz previsão expressa no sentido de ser crime de responsabilidade "desviar, ou aplicar indevidamente, rendas ou verbas públicas". Também preconiza o artigo 315 do CP ser crime "dar às verbas ou rendas públicas aplicação diversa da estabelecida em lei". A disposição da lei de improbidade guarda correção com ambos os textos penais.

Artigo 10, XII

Permitir, facilitar ou concorrer para que terceiro se enriqueça ilicitamente;

31. Comentários

Se o enriquecimento ilícito for pessoal, resta caracterizada a conduta do artigo 9º da LIA. Se terceiro for o beneficiado, fala-se na conduta em comento. Por evidente que esse concurso, essa participação, exige uma conduta dolosa tendo em vista os verbos ali descritos e a incompatibilidade do instituto concurso de pessoas com a modalidade culposa.

Artigo 10, XIII

Permitir que se utilize, em obra ou serviço particular, veículos, máquinas, equipamentos ou material de qualquer natureza, de propriedade ou à disposição de qualquer das entidades mencionadas no artigo 1° desta lei, bem como o trabalho de servidor público, empregados ou terceiros contratados por essas entidades.

32. Comentários

A *res publica* não pode ser explorada, gratuitamente, de forma particular. Nem as coisas e muito menos as pessoas que devem estar a serviço da população podem ser direcionadas para fins privados.

Não se pode esquecer, entretanto, que a administração pode explorar atividade fazendo, por exemplo, terraplanagem em imóvel privado e cobrando, para isso, um valor. Ainda, ações nesse sentido podem ocorrer por meio de convênio, de parceria, de ajuda mútua o que também descaracteriza o ato de improbidade.

Artigo 10, XIV

Celebrar contrato ou outro instrumento que tenha por objeto a prestação de serviços públicos por meio da gestão associada sem observar as formalidades previstas na lei; (Incluído pela Lei nº 11.107, de 2005)

32. Comentários

O artigo 241 da Constituição Federal assevera que: "A União, os Estados, o Distrito Federal e os Municípios disciplinarão por meio de lei os consórcios públicos e os convênios de cooperação entre os entes federados, autorizando a gestão associada de serviços públicos, bem como a transferência total ou parcial de encargos, serviços, pessoal e bens essenciais à continuidade dos serviços transferidos".

A Lei nº 11.107/05 trouxe disciplinamentos gerais sobre a matéria. A LIA trabalha a tipificação do ato a partir do não cumprimento das formalidades previstas na lei.

Aqui valem todas as ponderações já tecidas no trabalho sobre divisão e tarefas, princípio da confiança, erro de proibição, bem como da necessidade de existência de má-fé para caracterizar um erro como improbidade administrativa.

Artigo 10, XV

Celebrar contrato de rateio de consórcio público sem suficiente e prévia dotação orçamentária, ou sem observar as formalidades previstas na lei. (Incluído pela Lei nº 11.107, de 2005)

33. Comentários

Todas as ponderações alhures podem aqui ser aproveitadas porque ambos os incisos foram incluídos na lei com o mesmo propósito.

Artigo 10, XVI

Facilitar ou concorrer, por qualquer forma, para a incorporação, ao patrimônio particular de pessoa física ou jurídica, de bens, rendas, verbas ou valores públicos transferidos pela administração pública a entidades privadas mediante celebração de parcerias, sem a observância das formalidades legais ou regulamentares aplicáveis à espécie; (Incluído pela Lei nº 13.019, de 2014)

34. Comentários

A Lei nº 13.109/14 estabelece o regime jurídico das parcerias voluntárias, envolvendo ou não transferências de recursos financeiros, entre a administração pública e as organizações da sociedade civil, em regime de mútua cooperação, para a consecução de finalidades de interesse público.

Veja-se que a LIA não veda a transferência de bens. O que ela penaliza é a não observância das formalidades legais e regulamentares aplicáveis à espécie. A forma de contratação, liberação de recursos, aplicações, todas vêm dispostas na lei já citada.

Artigo 10, XVII

Permitir ou concorrer para que pessoa física ou jurídica privada utilize bens, rendas, verbas ou valores públicos transferidos pela administração pública a entidade privada mediante celebração de parcerias, sem a observância das formalidades legais ou regulamentares aplicáveis à espécie;

35. Comentários

Valem aqui as mesmas considerações antes tecidas. É possível, sim, a utilização de bens, rendas, valores públicos desde que obedecidas às exigências dispostas na Lei nº 13.109/14.

Artigo 10, XVIII

Celebrar parcerias da administração pública com entidades privadas sem a observância das formalidades legais ou regulamentares aplicáveis à espécie;

36. Comentários

As formalidades para contratação, bem como o regramento geral, encontram disciplina na Lei nº 13.109/14.

Artigo 10, XIX

Agir negligentemente na celebração, fiscalização e análise das prestações de contas de parcerias firmadas pela administração pública com entidades privadas;

37. Comentários

O agir negligente decorre da omissão daquele que, por dever legal e atribuição específica, tem o dever de fiscalizar a prestação de contas da parceria. Interessante que o artigo 10 da Lei nº 13.109/14 traz previsão no sentido de que: "A administração pública deverá manter, em seu sítio oficial na internet, a relação das parcerias celebradas, em ordem alfabética, pelo nome da organização da sociedade civil, por prazo não inferior a 5 (cinco) anos, contado da apreciação da prestação de contas final da parceria".

Ainda, ao longo de toda a legislação, há uma preocupação em publicidade, celeridade, periodicidade da prestação de contas.

Artigo 10, XX

Liberar recursos de parcerias firmadas pela administração pública com entidades privadas sem a estrita observância das normas pertinentes ou influir de qualquer forma para a sua aplicação irregular.

38. Comentários

A forma da liberação recursos, a exigência de prévia documentação, bem como demais requisitos, estão estabelecidos na Lei nº 13.109/14.

Artigo 10-A

Constitui ato de improbidade administrativa qualquer ação ou omissão para conceder, aplicar ou manter benefício financeiro ou tributário contrário ao que dispõem o *caput* e o § 1º do artigo 8º-A da Lei Complementar nº 116, de 31 de julho de 2003

1. Comentários

A tipificação do ato de improbidade exige a concessão, aplicação ou manutenção de benefício financeiro ou tributário no que toca ao ISS em contrariedade ao *caput* e § 1º do artigo 8º-A da LC 116/2003. Conforme artigo 8º-A, a alíquota mínima do Imposto sobre Serviços de Qualquer Natureza é de 2% (dois por cento), não podendo haver isenções, incentivos, benefícios tributários ou financeiros, inclusive de redução de base de cálculo ou de crédito presumido ou outorgado, ou sob qualquer outra forma que resulte, direta ou indiretamente, em carga tributária menor que a decorrente da aplicação da alíquota mínima estabelecida no *caput*, exceto para os serviços a que se referem os subitens 7.02, 7.05 e 16.01 da lista anexa a esta Lei Complementar, ou seja: 7.02 – Execução, por administração, empreitada ou subempreitada, de obras de construção civil, hidráulica ou elétrica e de outras obras semelhantes, inclusive sondagem, perfuração de poços, escavação, drenagem e irrigação, terraplanagem, pavimentação, concretagem e a instalação e montagem de produtos, peças e equipamentos (exceto o fornecimento de mercadorias produzidas pelo prestador de serviços fora do local da prestação dos serviços, que fica sujeito ao ICMS); 7.05 – Reparação, conservação e reforma de edifícios, estradas, pontes, portos e congêneres (exceto o fornecimento de mercadorias produzidas pelo prestador dos serviços, fora do local da prestação dos serviços, que fica sujeito ao ICMS); e 16.01 – Serviços de transporte coletivo municipal rodoviário, metroviário, ferroviário e aquaviário de passageiros.

2. Marco temporal

Em 1º/1/2018, tornou-se aplicável o novo artigo 10-A da Lei nº 8.429/92.

3. Isenção condicional ou onerosa

Preconiza o artigo 178 do CTN que a isenção, "salvo se concedida por prazo certo e em função de determinadas condições", pode ser revogada ou modificada por lei, a qualquer tempo, observado o disposto no inciso III do artigo 104. O artigo 10-A da LIA tipifica como improbidade a concessão, aplicação ou "manutenção de benefício financeiro ou tributário" no que toca ao ISS em contrariedade ao *caput* e § 1º do artigo 8º-A da LC 116/2003.

Em casos como esse, é possível afastar o ato de improbidade administrativa a partir da própria compreensão da Súmula 544/STF, que estabelece: "Isenções tributárias concedidas, sob condição onerosa, não podem ser livremente suprimidas".

Não obstante a superveniência legislativa, acredita-se que a isenção tributária, concedida sob condição onerosa, não pode ser livremente suprimida sob pena de ofensa à norma constitucional que assegura a intangibilidade do direito adquirido, do ato jurídico perfeito e da coisa julgada (art. 5º, XXXVI, da CF/88). Essa discussão, no mínimo, para fins de improbidade, afasta a má-fé, a desonestidade, a deslealdade, elementos caracterizadores da improbidade administrativa.[46]

[46] Oportunas as ponderações de Eduardo Sabbag sobre a revogação de lei isentiva: "Nota-se, com clareza meridiana, que as isenções concedidas por prazo certo e em função de determinadas condições não podem ser revogadas. Não há dúvida: não se pode admitir que o contribuinte-beneficiário venha a ser surpreendido com uma revogação do benefício, de modo inopinado, frustrando-lhe a sensação de confiança que projeta na relação que une ao Estado tributante e, agora, isentante. Curiosamente, insta mencionar que se a isenção, neste caso, é irrevogável, a lei que a veicula não o é. A lei pode ser sempre revogada. Em verdade, havendo revogação de uma lei que veicula isenção onerosa, todos aqueles que experimentavam o benefício antes da revogação, tendo comprido os requisitos que o legitimam a tanto, deverão manter-se fruindo a benesse legal, pelo prazo predeterminado, mesmo após a data da revogação da norma. De modo oposto, esgotado o prazo estipulado para a isenção, cessa para o beneficiário o direito à isenção, mesmo que a lei não tenha sido revogada. Insistimos, então: revoga-se a lei; a isenção onerosa, não". (SABBAG, Eduardo. *Manual de Direito Tributário*. São Paulo: Saraiva. 2011, p. 889).

Artigo 11

Constitui ato de improbidade administrativa que atenta contra os princípios da administração pública qualquer ação ou omissão que viole os deveres de honestidade, imparcialidade, legalidade, e lealdade às instituições, e notadamente:

1. Comentários

Trata-se de conduta eminentemente dolosa, não havendo previsão culposa de conduta (ação ou omissão) atentatória a princípios[47] que regem a administração pública. A lei exemplifica alguns princípios, não se estando a falar de *numerus clausus*. Cumpre ainda referir que se trata de tipologia residual, ou seja, se das ações aqui previstas vislumbrar-se enriquecimento ilícito ou dano ao erário, aplicam-se as disposições antecedentes.

2. A ética pública[48] e a improbidade administrativa

A Lei nº 12.813/13 trouxe algumas disposições sobre uma ética normativa a ser adotada pela administração pública ao regrar o

[47] Some-se aqui todos os princípios insculpidos no artigo 37 da CF/88. Vale reproduzir as lições de Carvalho Filho sobre legalidade, impessoalidade, moralidade e eficiência, reservando-se a publicidade para tópico específico. Sobre o princípio da legalidade, assevera o autor: "É extremamente importante o efeito do princípio da legalidade no que diz respeito aos direitos dos indivíduos. Na verdade, o princípio se reflete na consequência de que a própria garantia desses direitos depende de sua existência, autorizando-se então os indivíduos à verificação do confronto entre a atividade administrativa e a lei. Uma conclusão é inarredável: havendo dissonância entre a conduta e a lei, deverá aquela ser corrigida para eliminar-se a ilicitude" (p. 20). Sobre Impessoalidade: "O princípio objetiva a igualdade de tratamento que a Administração deve dispensar aos administrados que se encontrem em idêntica situação jurídica. Nesse ponto, representa uma faceta do *princípio da isonomia*. Por outro lado, para que haja verdadeira impessoalidade, deve a Administração voltar-se exclusivamente para o interesse público, e não para o privado, vedando-se, em consequência, sejam favorecidos alguns indivíduos em detrimento de outros e prejudicados alguns para favorecimento de outros. Aqui reflete a aplicação do conhecido *princípio da finalidade* [...]" (p. 21). Sobre moralidade: "O princípio da moralidade impõe que o administrador público não dispense os preceitos éticos que devem estar presentes em sua conduta. Deve não só averiguar os critérios de conveniência, oportunidade e justiça em suas ações, mas também distinguir o que é honesto do que é desonesto" (p. 22). Sobre eficiência: "Com a inclusão, pretendeu o Governo conferir direitos aos usuários dos diversos serviços prestados pela Administração ou por seus delegados e estabelecer obrigações efetivas aos prestadores. Não é difícil perceber que a inserção desse princípio revela o descontentamento da sociedade diante de sua antiga impotência para lutar contra a deficiente prestação de tantos serviços públicos, que incontáveis prejuízos já causou aos usuários" (p. 30). (CARVALHO FILHO, José dos Santos. *Manual de direito administrativo*. 28. ed. rev. ampl. e atual. São Paulo: Atlas, 2015).

[48] Não se confunda a ética normativa, aqui entendida como um conjunto de regras estabelecidas para um determinado grupo de pessoas, com uma ética universal ou ainda, uma Ética De-

conflito de interesses no exercício de cargo ou emprego do Poder Executivo Federal e impedimentos posteriores ao exercício do cargo ou emprego. Interessa observar que a legislação trata sobre questões éticas no exercício da função e, também, depois dela.

Nos termos do artigo 5º, configura "conflito de interesses" no exercício de cargo ou emprego no âmbito do Poder Executivo federal: "I – divulgar ou fazer uso de informação privilegiada, em proveito próprio ou de terceiro, obtida em razão das atividades exercidas; II – exercer atividade que implique a prestação de serviços ou a manutenção de relação de negócio com pessoa física ou jurídica que tenha interesse em decisão do agente público ou de colegiado do qual este participe; III – exercer, direta ou indiretamente, atividade que em razão da sua natureza seja incompatível com as atribuições do cargo ou emprego, considerando-se como tal, inclusive, a atividade desenvolvida em áreas ou matérias correlatas; IV – atuar, ainda que informalmente, como procurador, consultor, assessor ou intermediário de interesses privados nos órgãos ou entidades da administração pública direta ou indireta de qualquer dos Poderes da União, dos Estados, do Distrito Federal e dos Municípios; V – praticar ato em benefício de interesse de pessoa jurídica de que participe o agente público, seu cônjuge, companheiro ou parentes, consanguíneos ou afins, em linha reta ou colateral, até o terceiro grau, e que possa ser por ele beneficiada ou influir em seus atos de gestão; VI – receber presente de quem tenha interesse em decisão do agente público ou de colegiado do qual este participe fora dos limites e condições estabelecidos em regulamento; e VII – prestar serviços, ainda que eventuais, a empresa cuja atividade seja controlada, fiscalizada ou regulada pelo ente ao qual o agente público está vinculado".

Veja-se que o conflito de interesse perdura mesmo no gozo de licença ou em período de afastamento. De outra parte, segundo o artigo 6º da referida lei, configura conflito de interesses após o exercício de cargo ou emprego no âmbito do Poder Executivo federal: "I – a qualquer tempo, divulgar ou fazer uso de informação privilegiada obtida em razão das atividades exercidas; e II – no período de 6 (seis) meses, contado da data da dispensa, exoneração, destituição, demissão ou aposentadoria, salvo quando expressamente autorizado, conforme o

---

ontológica propagada pela Teoria Kantiana (KANT, Immanuel. *Fundamentação da metafísica dos costumes*. Lisboa: Edições 70, 1995). Em um exame avaliativo de ações, importa mais perquirir sobre os motivos do que sobre as consequências. Por exemplo: o agente público, servidor, estagiário que age com honestidade e lealdade porque tem receio de vir a perder o cargo, emprego, estágio pode dizer muito sobre uma ética normativa, mas exatamente nada acerca de uma ética deontológica. Na linha Kantiana, há valores que deveriam ser absolutos, independentemente das consequências. Há um certo sentido egoístico em fazer ou não fazer mirando apenas perdas e ganhos.

caso, pela Comissão de Ética Pública ou pela Controladoria-Geral da União: a) prestar, direta ou indiretamente, qualquer tipo de serviço a pessoa física ou jurídica com quem tenha estabelecido relacionamento relevante em razão do exercício do cargo ou emprego; b) aceitar cargo de administrador ou conselheiro ou estabelecer vínculo profissional com pessoa física ou jurídica que desempenhe atividade relacionada à área de competência do cargo ou emprego ocupado; c) celebrar com órgãos ou entidades do Poder Executivo federal contratos de serviço, consultoria, assessoramento ou atividades similares, vinculados, ainda que indiretamente, ao órgão ou entidade em que tenha ocupado o cargo ou emprego; ou d) intervir, direta ou indiretamente, em favor de interesse privado perante órgão ou entidade em que haja ocupado cargo ou emprego ou com o qual tenha estabelecido relacionamento relevante em razão do exercício do cargo ou emprego".

Como bem observa Carvalho Filho, "a conduta contrária aos impedimentos e restrições da lei pode configurar-se como improbidade administrativa nos termos da Lei nº 8.429/1992 e como infração funcional sujeita à pena de demissão e apurada conforme as regras da Lei nº 8.112/1990 (Estatuto dos Servidores Públicos Federais), inclusive quanto à responsabilização do servidor".[49]

Em se tratando de regramento ético, a positivação como pressuposto de tipicidade, por afronta ao artigo 11 da LIA, é inegável. Não há como punir o agente estadual, municipal, distrital, por afronta ao artigo 11, fazendo analogia aos conflitos de interesses estabelecidos na lei federal.

É preciso haver uma lei local, específica, que bem avalie quando, como, de que forma interesses poderiam entrar em choque. Veja-se que o artigo 2º da Lei nº 12.813/13 arrola um grupo seleto de pessoas que se submetem aos impedimentos e incompatibilidades. Pois, somente a partir do estudo local, da administração específica, é possível construir patamares ético-normativos e, a partir daí, com regras claras e precisas, previamente conhecidas, falar-se em improbidade por ofensa a preceito ético.

Artigo 11, I

Praticar ato visando fim proibido em lei ou regulamento ou diverso daquele previsto, na regra de competência;

[49] CARVALHO FILHO, José dos Santos. *Manual de direito administrativo.* 28. ed. rev. ampl. e atual. São Paulo: Atlas, 2015, p. 26.

3. Comentários

Ninguém pode alegar o desconhecimento da lei como defesa, assim preconiza o artigo 3º da Lei de Introdução às Normas do Direito Brasileiro. Superficialmente, em linhas gerais, quem pratica ato visando a fim proibido em lei, regulamento ou diverso do previsto em regra de competência, pode vir a ser processado pela prática de improbidade.

Entretanto, a ideia que perpassa todo este trabalho deve aqui ser estendida: nem todo ato que seja praticado visando a um fim proibido em lei pode ser considerado improbidade administrativa. É preciso a existência de uma conduta qualificada, grave, desleal, desonesta, enfim, adjetivada por determinantes indissociáveis ao conceito de improbidade administrativa.

Artigo 11, II

Retardar ou deixar de praticar, indevidamente, ato de ofício;

4. Comentários

Fala-se em prática de ato de ofício fora do prazo ou mesmo a sua não realização. O elemento normativo "indevido" deve ser entendido como "sem justo motivo", "sem razão", "sem explicação".

Não é incomum, na administração pública, prazos legais e regimentais não serem cumpridos. Acúmulo de trabalho, falta de pessoal, ausência de controle de ações e procedimentos são apenas algumas causas que excluem o dolo dessa conduta.

Observe-se a própria redação do crime de prevaricação, previsto no artigo 319 do CP: "Retardar ou deixar de praticar, indevidamente, ato de ofício, ou praticá-lo contra disposição expressa de lei, para satisfazer interesse ou sentimento pessoal".

O Direito Penal trabalha o *standard* "indevidamente" a partir da "satisfação de interesse ou sentimento pessoal". Logo, é preciso, mais uma vez, dizer que elementos como deslealdade, desonestidade, ma-fé estejam presentes na conduta para que possa ser considerada ímproba.

Artigo 11, III

Revelar fato ou circunstância de que tem ciência em razão das atribuições e que deva permanecer em segredo;

5. Comentários

Por segredo, entenda-se sigilo. Não existe segredo na administração. Vige, a bem da verdade, o princípio da publicidade dos atos administrativos bem como a transparência da administração.

Evidentemente, por força de lei, para alguns atos, atribui-se sigilo. Preconiza o artigo 5º, inciso XXXIII, da CF/88, que "todos têm direito a receber dos órgãos públicos informações de seu interesse particular, ou de interesse coletivo ou geral, que serão prestadas no prazo da lei, sob pena de responsabilidade, ressalvadas aquelas cujo sigilo seja imprescindível à segurança da sociedade e do Estado".

A Lei nº 12.527/2011 regulamenta o acesso à informação previsto na Constituição Federal. Importa referir que a caracterização da improbidade exige ciência da informação e que ela está sob sigilo, bem como que essa ciência tenha relação com suas atribuições. Se vier a ter conhecimento de uma informação sigilosa, por razão fortuita, em face, por exemplo, de um vazamento de informação que nada tem relação com suas atribuições, não se perfectibiliza o tipo de improbidade.

A título de informação, há previsão, no Código Penal, do crime de violação de sigilo que assim estabelece: "Artigo 325. Revelar fato de que tem ciência em razão do cargo e que deva permanecer em segredo, ou facilitar-lhe a revelação".

Artigo 11, IV

Negar publicidade[50] aos atos oficiais;

6. Comentários

Existe um dever administrativo de dar publicidade a atos oficiais. É por ela que se confere à sociedade o amplo conhecimento de suas condutas, autorizando, assim, o controle externo pela população, associações e tantos outros órgãos de controle.

[50] Ao tecer considerações sobre o princípio da publicidade, refere Carvalho Filho que o princípio "Indica que os atos da Administração devem merecer a mais ampla divulgação possível entre os administrados, e isso porque constitui fundamento do princípio propiciar-lhes a possibilidade de controlar a legitimidade da conduta dos agentes administrativos. Só com a transparência dessa conduta é que poderão os indivíduos aquilatar a legalidade ou não dos atos e o grau de eficiência de que se revestem". Ainda, explica o autor: "no sistema da Lei de Acesso, foram contempladas duas formas de publicidade. A primeira foi denominada de *transparência ativa*, marcada pelo fato de que as informações são transmitidas *ex officio* pela Administração, inclusive pela referência nos respectivos sítios eletrônicos. A segunda chama-se *transparência passiva*, caracterizando-se pelo procedimento em que o interessado formula sua postulação ao órgão que detém a informação (CARVALHO FILHO, José dos Santos. *Manual de direito administrativo*. 28. ed. rev. ampl. e atual. São Paulo: Atlas, 2015, p. 26-28.

A Constituição Federal não só determina a publicidade como, ainda, traz disciplinamentos no sentido de que "atos, programas, obras, serviços e campanhas dos órgãos públicos deverá ter caráter educativo, informativo ou de orientação social, dela não podendo constar nomes, símbolos ou imagens que caracterizem promoção pessoal de autoridades ou servidores públicos".

A título de informação, o Decreto-Lei nº 201/67 traz como infração político-administrativa, sujeita a cassação do mandato do prefeito, "retardar a publicação ou deixar de publicar as leis e atos sujeitos a essa formalidade (art. 4º, inc. IV).

É verdade que a interpretação do texto deve-se resguardar às hipóteses em que é exigido sigilo. A regra é a publicidade; sigilo,[51] a exceção.

Artigo 11, V

Frustrar a licitude de concurso público;

7. Comentários

Respeitada opinião diversa, só é possível frustrar a licitude de um concurso que existe. O fato de o administrador público não determinar a abertura de concurso pode caracterizar qualquer outra conduta, mas não a em comento. Frustrar o concurso aqui diz sobre eliminar a saudável concorrência entre interessados ao quebrar o sigilo das provas e permitir que alguns tenham acesso prévio às questões, gabaritos, etc.

Também frustra a licitude do concurso público não reservar vagas quando a lei assim exige, como é o caso dos portadores de necessidades especiais.

Outra questão que exige aprofundado debate diz sobre o momento do encerramento do concurso para fins de improbidade. Seria

[51] "Sem embargo da circunstância de que a publicidade dos atos constitui a regra, o sistema jurídico – repita-se – institui algumas exceções, tendo em vista a excepcionalidade da situação e os riscos que eventual divulgação poderia acarretar. O próprio art. 5º, XXXIII, da CF, resguarda o sigilo de informações quando se revela indispensável à segurança da sociedade e do Estado. O mesmo ocorre na esfera judicial: nos termos do art. 93, IX, da CF, com a redação dada pela EC nº 45/2004, apesar de serem públicos os julgamentos, poderá a lei limitar que, em certos atos, só estejam presentes as partes e seus advogados, ou, conforme a hipótese, apenas estes últimos. A Constituição pretendeu proteger o direito à intimidade do interessado diante de certos casos, considerando-o prevalente sobre o princípio do interesse público à informação. Vale dizer: a própria Carta admitiu o conflito entre tais princípios, indicando, na ponderação de valores a ser feita pelo intérprete, a preponderância do direito de sigilo e intimidade sobre o princípio geral de informação". (CARVALHO FILHO, José dos Santos. *Manual de direito administrativo.* 28. ed. rev. ampl. e atual. São Paulo: Atlas, 2015, p. 29)

a homologação dos resultados finais? Ou, ainda, enquanto estiver o mesmo válido, poderá haver frustração do concurso público? Mais: a não renovação do concurso público, na forma prevista no artigo 37, III, da CF/88, poderia sugerir a prática de um ato de improbidade?

Acredita-se que, enquanto o concurso estiver válido, é possível frustrar sua licitude, não obedecendo à ordem de classificação ou, indiretamente, obstaculizar, criando cargos comissionados, funções de confiança, funções gratificadas, verbas, enfim, vantagens para realizar atividades que estão dentro das atribuições daqueles cargos que aguardam provimento. Essa manobra pode caracterizar ato de improbidade.

Sobre a prorrogação do concurso, é entendimento do STF que se trata de questão discricionária do administrador (RE 633341).

Ainda, a tipologia da improbidade também é aplicada a processos seletivos simplificados, concurso de projetos, de monografias, que nada mais são do que espécies do gênero concurso público.

O Código Penal traz explicitação acerca do tema no artigo 311-A, que preconiza: "Utilizar ou divulgar, indevidamente, com o fim de beneficiar a si ou a outrem, ou de comprometer a credibilidade do certame, conteúdo sigiloso de: I – concurso público; II – avaliação ou exame públicos; III – processo seletivo para ingresso no ensino superior; ou IV – exame ou processo seletivo previstos em lei".

8. Terceiro que frustra concurso público

Segundo entendimento do STJ, "é inviável a propositura de ação civil de improbidade administrativa exclusivamente contra o particular, sem a concomitante presença de agente público no polo passivo da demanda". Acórdãos AgRg no AREsp 574500/PA, Rel. Ministro HUMBERTO MARTINS, SEGUNDA TURMA, Julgado em 02/06/2015, DJE 10/06/2015 REsp 1282445/DF, Rel. Ministro NAPOLEÃO NUNES MAIA FILHO, PRIMEIRA TURMA, Julgado em 24/04/2014, DJE 21/10/2014; REsp 1409940/SP, Rel. Ministro OG FERNANDES, SEGUNDA TURMA, Julgado em 04/09/2014, DJE 22/09/2014; REsp 1171017/PA, Rel. Ministro SÉRGIO KUKINA, PRIMEIRA TURMA, Julgado em 25/02/2014, DJE 06/03/2014; REsp 896044/PA, Rel. Ministro HERMAN BENJAMIN, SEGUNDA TURMA, Julgado em 16/09/2010, DJE 19/04/2011 REsp 1181300/PA, Rel. Ministro CASTRO MEIRA, SEGUNDA TURMA, Julgado em 14/09/2010, DJE 24/09/2010. Por assim ser, apenas naqueles casos em que haja a participação de agente público, é possível falar em improbidade.

9. Empresa contratada pela administração pública para realizar concurso público e fraude

Não há dúvida de que se a empresa contratada previamente acerta com agente político ou ocupante de cargo público a fraude, vindo a trocar gabaritos, antecipando questões da prova, violar segredos, avaliações, etc., resta caracterizada a improbidade administrativa.

A questão importante é: se essa fraude for perpetrada apenas pela empresa, sem conhecimento do gestor público, para favorecer terceiros que nada têm a ver com a administração pública, em síntese, um golpe sem a participação do ente público e seus servidores, poder-se-ia falar em ato de improbidade administrativa?

Entende-se que não. A conclusão pode ser extraída do texto do artigo 1° e parágrafo único da LIA. É indispensável a participação concomitante de agente público ou político para a caracterização da improbidade. Tem-se, sim, uma fraude com repercussão penal a ser apurada na forma do artigo 311-A do CP. Tem-se, sim, uma fraude com repercussão administrativa a redundar em sanções de proibição de contratar previstas na Lei n° 8.666/93, bem como nulidade de atos decorrentes dessa contratação por desvio de finalidade (art. 2°, "e", da Lei n° 4.717/65), podendo a administração, no poder de autotutela, anular seus próprios atos (Súmula 473 do STF).

O simples fato de a empresa privada receber valores contratuais da administração pública não a torna "pública". O que recebe não é subvenção, benefício ou incentivo, fiscal ou creditício, senão pagamento por um serviço prestado. A ilegalidade na execução desse serviço é causa de rescisão contratual (arts. 77 e segs. da Lei n° 8.666/93), dentre outras consequências cíveis e penais.

Artigo 11, VI

Deixar de prestar contas quando esteja obrigado a fazê-lo.

9. Comentários

Preconiza o parágrafo único do artigo 70 da CF/88 que prestará contas qualquer pessoa física ou jurídica, pública ou privada, que utilize, arrecade, guarde, gerencie ou administre dinheiros, bens e valores públicos ou pelos quais a União responda, ou que, em nome desta, assuma obrigações de natureza pecuniária.

Para fins de tipificação, há uma diferença substancial entre "deixar de prestar contas" e "prestá-las tardiamente".

Segundo o STJ, "a ausência de prestação de contas, quando ocorre de forma dolosa, acarreta violação ao Princípio da Publicidade. Todavia, o simples atraso na entrega das contas, sem que exista dolo na espécie, não configura ato de improbidade. 3. Hipótese em que não foi demonstrada a indispensável prática dolosa da conduta de atentado aos princípios da Administração Pública. Ausência de ato de improbidade administrativa. Agravo regimental improvido." (STJ, AgRg no REsp 1382436/RN, Rel. Ministro HUMBERTO MARTINS, SEGUNDA TURMA, julgado em 20/08/2013, DJe 30/08/2013).

O Dec-Lei nº 201/67 especifica como crime de responsabilidade "Deixar de prestar contas, no devido tempo, ao órgão competente, da aplicação de recursos, empréstimos subvenções ou auxílios internos ou externos, recebidos a qualquer titulo" (art. 1º, VII). Veja-se que a questão temporal, diferentemente do tipo penal, não consta no tipo da improbidade.

Porém, ainda assim, em âmbito penal, tem-se que o simples atraso na prestação de contas não configura justa causa para instauração de uma ação penal. Como sustenta o STJ, "segundo a melhor doutrina, para a consecução do delito descrito no artigo 1º, inciso VI, do Decreto-Lei nº 201/1967, há que se verificar vontade livre e consciente do prefeito de sonegar as informações necessárias e obrigatórias a fiscalização da execução orçamentária do município. Em outros tempos, o simples atraso não tipifica o delito, pois o que se busca, no pormenor, é a proteção da moralidade administrativa e dos recursos públicos. A norma penal não procura punir o mero deslize burocrático, perfeitamente justificável e reparável por ato imediatamente posterior" (AgRg no REsp 1.330.858/MA, DJ 2/10/13). A linha interpretativa é a mesma: se não comprovada má-fé, tentativa de burla, desonestidade, não há de se falar em improbidade administrativa.

Artigo 11, VII

Revelar ou permitir que chegue ao conhecimento de terceiro, antes da respectiva divulgação oficial, teor de medida política ou econômica capaz de afetar o preço de mercadoria, bem ou serviço.

10. Comentários

Segue-se, aqui, a linha do dever de sigilo. Só quem pode revelar ou permitir que chegue a conhecimento de terceiro, antes da respectiva divulgação oficial, teor de medida política ou econômica capaz de afetar o preço de mercadoria, bem ou serviço é quem tem o dever de sigilo. Ainda, exige-se um exame de potencialidade da medida, ou seja, deve ser ela capaz de afetar o preço da mercadoria, bem ou serviço.

Em tempos de especulação, existem medidas que, muito embora não possam ser compreendidas como políticas ou econômicas, acabam influenciando, sobremaneira, no preço de mercadorias ou bens. Por exemplo: revelar, antes da divulgação oficial, os termos ou mesmo a existência de uma delação premiada contra determinado político. Configuraria a improbidade em comento?

Entende-se que não porque, a princípio, não se trata de medida política ou econômica, mas sim de uma medida jurídica. Não se confunda a natureza da medida com seus reflexos.

Artigo 11, VIII

Descumprir as normas relativas à celebração, fiscalização e aprovação de contas de parcerias firmadas pela administração pública com entidades privadas.

11. Comentários

A Lei nº 13.019/14 trouxe normas gerais para as parcerias entre a administração pública e organizações da sociedade civil, em regime de mútua cooperação, para a consecução de finalidades de interesse público e recíproco, mediante a execução de atividades ou de projetos previamente estabelecidos em planos de trabalho inseridos em termos de colaboração, em termos de fomento ou em acordos de cooperação.

Trata-se de disciplina complexa. O próprio artigo 7º da referida Lei preconiza que a União poderá instituir, em coordenação com os Estados, o Distrito Federal, os Municípios e organizações da sociedade civil, programas de capacitação voltados a administradores públicos, dirigentes, gestores, representantes de organizações da sociedade civil, membros de conselhos de políticas públicas, membros de comissões de seleção, membros de comissões de monitoramento e avaliação, demais agentes públicos e privados envolvidos na celebração e execução das parcerias disciplinadas.

Não obstante, no parágrafo único, estabelece que "a participação nos programas previstos no caput não constituirá condição para o exercício de função envolvida na materialização das parcerias disciplinadas nesta Lei". Em síntese: sabe-se que é preciso curso e capacitação para bem desenvolver uma parceria. Todavia, não se condiciona a participação a qualquer capacitação anterior. Pasme-se, depois, visa-se punir o gestor ou mesmo terceiro envolvido exatamente por descumprimento de normas para qual ele não tinha exata compreensão da dimensão. É exatamente para essas incongruências que o ordenamento brasileiro é que cresce o papel do intérprete, dos atores processuais, a fim de se garantir coerência e integridade nas decisões. Se não houve comprovação de dolo, de desonestidade, de deslealdade, meras irregularidades administrativas não podem ser consideradas ato de improbidade.

Artigo 11, IX

Deixar de cumprir a exigência de requisitos de acessibilidade previstos na legislação.

12. Comentários

A aprovação da Lei nº 13.146, de 6 de julho de 2015 – Lei Brasileira de Inclusão da Pessoa com Deficiência –, que veio a consolidar uma série de medidas voltadas à inclusão da pessoa portadora de necessidades especiais como atendimento prioritário, restituição de imposto de renda, tramitação processual e procedimentos judiciais e administrativos em que for parte interessada, critérios de desempate na lei de licitações e, em especial, previu como ato de improbidade "deixar de cumprir a exigência de requisitos de acessibilidade previstos na legislação".

Nuno R. Celho Pio, em artigo intitulado "A tipificação do descumprimento do dever de acessibilidade como ato de improbidade administrativa",[52] questiona sobre o momento temporal da caracterização do ato de improbidade por parte do administrador.

[52] "Mais tormentosa ainda se torna a questão quando se considera que foram fixados generosos e razoáveis prazos para a realização dessas adaptações, todos eles já esgotados. Como identificar a omissão do agente público? E, mais ainda, como identificar uma omissão dolosa do agente público? É dizer: a partir de que momento se pode dizer que o agente público responsável por fazer as adequações necessárias estará dolosamente inerte? Pensemos no caso de um secretário de saúde municipal recém-empossado, em uma cidade na qual todos os seus antecessores descumpriram os deveres de acessibilidade. De modo que todos os equipamentos públicos de saúde do município encontram-se em absoluto descompasso com os requisitos legais. Está incluso entre os deveres de acessibilidade a serem observados pelo secretário o de adaptar edificações de acordo com as exigências legais. A partir de quando poderá ele ser reputado inerte? Mais: a partir de quando ele poderá ser reputado dolosamente inerte e, assim, ímprobo? Novamente

A acessibilidade é uma questão relativamente nova, considerando os mais de quinhentos anos de descoberta do Brasil. Não se pode ignorar a construção de toda uma arquitetura que, por razões históricas e culturais, sonegou a observância da força normativa do postulado da igualdade. Muito antes da revolução francesa, já se lutava por direitos iguais.

Forçoso reconhecer, desde sempre, a humanidade contou com portadores de necessidades especiais e não tratou como prioridade a acessibilidade. Feita a digressão histórica, é possível dizer que, para edificações novas, a ausência de previsão de regras de acessibilidade devem ser, de pronto, retificada.

A bem da verdade, projetos que não as observem sequer devem ter trânsito. Possibilitar que, em tempos atuais, não se cumpra com os requisitos de acessibilidade previstos na legislação por ação ou por omissão do dever de fiscalização, pode vir a caracterizar, sim, ato de improbidade.

Questão mais tormentosa diz sobre as adaptações de edificações já existentes. O gestor não pode sonegar o dever de adaptar prédios públicos, praças, logradouros, escolas, postos de saúde, etc. Não pode, também, engessar um mandato inteiro fazendo as adaptações e deixar de prover tantas outras necessidades de igual e até maior importância. Para casos como esses, pensa-se que um plano de ação claro, objetivo, com metas e diretrizes deva encerrar qualquer discussão sobre improbidade.

As prioridades, a decisão de por onde e como começar, deve ser precedida de audiências, reuniões, opiniões técnicas, formação de conselho de direitos da pessoa portadora de necessidades especiais.

A força, a intervenção, a priorização não deve-se dar por meio de liminares em ações civis públicas, ações populares e outras, sobretudo porque a liminar que se defere pode estar a comprometer uma série de obras de adaptações já em andamento. Por evidente, em havendo inércia do gestor, demonstrada através de inquérito civil, não só pode como devem os órgãos responsáveis judicializar a questão que envolve, antes de tudo, a dignidade da pessoa humana.

---

buscando no direito penal uma construção teórica que naquele ramo foi muito mais desenvolvida, temos que o ilícito permanente se caracteriza como aquele em que o 'momento consumativo se protrai no tempo, e o bem jurídico é continuamente agredido'. O tipo omissivo próprio se consuma quando escoado um tempo razoável para o agente agir, evitando a omissão proibida, mas ele permanece inerte, não demonstrando a intenção de agir". (http://www.tjpa.jus.br/CMSPortal/VisualizarArquivo?idArquivo=314921, acessado em 20.02.2018)

Artigo 11, X

Transferir recurso a entidade privada, em razão da prestação de serviços na área de saúde sem a prévia celebração de contrato, convênio ou instrumento congênere, nos termos do parágrafo único do artigo 24 da Lei nº 8.080, de 19 de setembro de 1990.

13. Comentários

Preconiza o artigo 24 da Lei nº 8.080/90 que: "Quando as suas disponibilidades forem insuficientes para garantir a cobertura assistencial à população de uma determinada área, o Sistema Único de Saúde (SUS) poderá recorrer aos serviços ofertados pela iniciativa privada".

Ainda, estabelece o parágrafo único que: "A participação complementar dos serviços privados será formalizada mediante contrato ou convênio, observadas, a respeito, as normas de direito público". A redação já estava explicitada no artigo 199, § 1º, da CF/88. A participação complementar das instituições privadas de assistência à saúde no SUS deverá observar as regras da Lei nº 8.666/93 e da Lei nº 8.080/90.

De acordo com a Portaria de consolidação nº 1, de 28 de setembro de 2017, artigo 129, incisos VIII e IX, VIII, convênio é o "instrumento firmado entre ente público e a instituição privada sem fins lucrativos, quando houver interesse comum em firmar parceria em prol da prestação de serviços assistenciais à saúde" e contrato o "ajuste entre órgãos ou entidades de saúde da Administração Pública e particulares, em que há um acordo de vontade para a formação de vínculo e a estipulação de obrigações recíprocas, atinentes à prestação de serviços do SUS". Rememore-se o artigo 199, § 2º, da CF/88, que estabelece: "É vedada a destinação de recursos públicos para auxílios ou subvenções às instituições privadas com fins lucrativos".

Artigo 12

Independentemente das sanções penais, civis e administrativas previstas na legislação específica, está o responsável pelo ato de improbidade sujeito às seguintes cominações, que podem ser aplicadas isolada ou cumulativamente,[53] de acordo com a gravidade do fato: (Redação dada pela Lei nº 12.120, de 2009).

I – na hipótese do artigo 9°, perda dos bens ou valores acrescidos ilicitamente ao patrimônio, ressarcimento integral do dano, quando houver, perda da função pública, suspensão dos direitos políticos de oito a dez anos, pagamento de multa civil de até três vezes o valor do acréscimo patrimonial e proibição de contratar com o Poder Público ou receber benefícios ou incentivos fiscais ou creditícios, direta ou indiretamente, ainda que por intermédio de pessoa jurídica da qual seja sócio majoritário, pelo prazo de dez anos;

II – na hipótese do artigo 10, ressarcimento integral do dano, perda dos bens ou valores acrescidos ilicitamente ao patrimônio, se concorrer esta circunstância, perda da função pública, suspensão dos direitos políticos de cinco a oito anos, pagamento de multa civil de até duas vezes o valor do dano e proibição de contratar com o Poder Público ou receber benefícios ou incentivos fiscais ou creditícios, direta ou indiretamente, ainda que por intermédio de pessoa jurídica da qual seja sócio majoritário, pelo prazo de cinco anos;

III – na hipótese do artigo 11, ressarcimento integral do dano, se houver, perda da função pública, suspensão dos direitos políticos de três a cinco anos, pagamento de multa civil de até cem vezes o valor da remuneração percebida pelo agente e proibição de contratar com o Poder Público ou receber benefícios ou incentivos fiscais ou creditícios, direta ou indiretamente, ainda que por

---

[53] Conforme Di Pietro, "Outro aspecto quanto às sanções diz respeito à possibilidade de aplicação cumulativa das penas previstas no artigo 12 da lei. O ato de improbidade afeta ou pode afetar valores de natureza diversa. Com efeito, o ato de improbidade afeta, em grande parte, o patrimônio público econômico-financeiro; afeta o patrimônio público moral; afeta o interesse de toda a coletividade em que a honestidade e a moralidade prevaleçam no trato da coisa pública; afeta a disciplina interna da Administração Pública. Ora, se valores de natureza diversa são atingidos, é perfeitamente aceitável que algumas ou todas as penalidades sejam aplicadas concomitantemente". (DI PIETRO, Maria Sylvia Zanella. *Direito Administrativo.* 27. ed. São Paulo: Atlas, 2014, p. 922).

intermédio de pessoa jurídica da qual seja sócio majoritário, pelo prazo de três anos.

IV – na hipótese prevista no artigo 10-A, perda da função pública, suspensão dos direitos políticos de 5 (cinco) a 8 (oito) anos e multa civil de até 3 (três) vezes o valor do benefício financeiro ou tributário concedido. (Incluído pela Lei Complementar nº 157, de 2016)

Parágrafo único. Na fixação das penas previstas nesta lei o juiz levará em conta a extensão do dano causado, assim como o proveito patrimonial obtido pelo agente.

1. Comentários

A LIA trouxe uma série de consequências graves a título de punibilidade do ato ímprobo. A perda dos bens ou valores acrescidos ilicitamente ao patrimônio, multa civil, proibição de contratar com o Poder Público ou receber benefícios ou incentivos fiscais ou creditícios, direta ou indiretamente, ainda que por intermédio de pessoa jurídica da qual seja sócio majoritário, perda do cargo público, suspensão de direitos políticos.

Veja-se que algumas, inclusive, se distanciam de previsões já estabelecidas constitucionalmente. Todavia, não lhes são contrárias o que afasta eventual alegação de inconstitucionalidade,[54] sobretudo por não se tratar de matéria de reserva constitucional.

2. Aplicação isolada ou cumulada de sanções

É o mais ledo engano acreditar que toda a procedência em ação de improbidade deve gerar perda de cargo público, inelegibilidade, multa, dentre outras penalidades.

Conforme entendimento pacificado do Superior Tribunal de Justiça: "O magistrado não está obrigado a aplicar cumulativamente todas as penas previstas no artigo 12 da Lei nº 8.429/92, podendo, mediante adequada fundamentação, fixá-las e dosá-las segundo a natureza, a gravidade e as consequências da infração". Acórdãos AgRg no AREsp 538656/SE, Rel. Ministro NAPOLEÃO NUNES MAIA FILHO, PRIMEIRA TURMA, julgado em 23/06/2015, DJe 05/08/2015; AgRg no AREsp 239300/BA, Rel. Ministro OG FERNANDES, SEGUNDA TURMA, julgado em 24/03/2015, DJe 01/07/2015

[54] Segundo Di Pietro, "Essa ampliação das medidas cabíveis não constitui infringência à norma constitucional. Essa estabeleceu algumas medidas possíveis, mas não limitou a competência do legislador para estabelecer outras". (DI PIETRO, Maria Sylvia Zanella. *Direito Administrativo.* 27. ed. São Paulo: Atlas, 2014, p. 921)

REsp 1091420/SP, Rel. Ministro SÉRGIO KUKINA, PRIMEIRA TURMA, julgado em 23/10/2014, DJe 05/11/2014; REsp 1416406/CE, Rel. Ministro HUMBERTO MARTINS, SEGUNDA TURMA, julgado em 14/10/2014, DJe 24/10/2014; REsp 1324418/SP, Rel. Ministro HERMAN BENJAMIN, SEGUNDA TURMA, julgado em 05/08/2014, DJe 25/09/2014; REsp 1280973/SP, Rel. Ministra ELIANA CALMON, SEGUNDA TURMA, julgado em 17/12/2013, DJe 07/05/2014; AgRg no REsp 1305243/RS, Rel. Ministro MAURO CAMPBELL MARQUES, SEGUNDA TURMA, julgado em 16/05/2013, DJe 22/05/2013; AgRg nos EDcl no AREsp 033898/RS, Rel. Ministro BENEDITO GONÇALVES, PRIMEIRA TURMA, julgado em 02/05/2013, DJe 09/05/2013.

Artigo 13

A posse e o exercício de agente público ficam condicionados à apresentação de declaração dos bens e valores que compõem o seu patrimônio privado, a fim de ser arquivada no serviço de pessoal competente.

§ 1º A declaração compreenderá imóveis, móveis, semoventes, dinheiro, títulos, ações, e qualquer outra espécie de bens e valores patrimoniais, localizado no País ou no exterior, e, quando for o caso, abrangerá os bens e valores patrimoniais do cônjuge ou companheiro, dos filhos e de outras pessoas que vivam sob a dependência econômica do declarante, excluídos apenas os objetos e utensílios de uso doméstico.

§ 2º A declaração de bens será anualmente atualizada e na data em que o agente público deixar o exercício do mandato, cargo, emprego ou função.

§ 3º Será punido com a pena de demissão, a bem do serviço público, sem prejuízo de outras sanções cabíveis, o agente público que se recusar a prestar declaração dos bens, dentro do prazo determinado, ou que a prestar falsa.

§ 4º O declarante, a seu critério, poderá entregar cópia da declaração anual de bens apresentada à Delegacia da Receita Federal na conformidade da legislação do Imposto sobre a Renda e proventos de qualquer natureza, com as necessárias atualizações, para suprir a exigência contida no caput e no § 2° deste artigo.

1. Comentários

A previsão legal vai ao encontro da transparência. Como referido, anualmente, essa declaração de bens, direitos e valores deve ser atualizada podendo, a critério do ocupante de cargo público – registre-se: ninguém tem o dever de abrir mão do sigilo fiscal – entregar cópia da declaração anual de imposto de renda em substituição à declaração que exige o § 2° do artigo em comento. Rememore-se que a evolução patrimonial não explicada, não comprovada, pode configurar ato de improbidade administrativa.

Artigo 14

Qualquer pessoa poderá representar à autoridade administrativa competente para que seja instaurada investigação destinada a apurar a prática de ato de improbidade.

§ 1º A representação, que será escrita ou reduzida a termo e assinada, conterá a qualificação do representante, as informações sobre o fato e sua autoria e a indicação das provas de que tenha conhecimento.

§ 2º A autoridade administrativa rejeitará a representação, em despacho fundamentado, se esta não contiver as formalidades estabelecidas no § 1º deste artigo. A rejeição não impede a representação ao Ministério Público, nos termos do artigo 22 desta lei.

§ 3º Atendidos os requisitos da representação, a autoridade determinará a imediata apuração dos fatos que, em se tratando de servidores federais, será processada na forma prevista nos arts. 148 a 182 da Lei nº 8.112, de 11 de dezembro de 1990 e, em se tratando de servidor militar, de acordo com os respectivos regulamentos disciplinares.

1. Comentários

A vedação ao anonimato é uma previsão constitucional estabelecida no artigo 5º, inc. IV. Em se tratando de ato de improbidade, que evolve severas medidas constritivas, que representa um processo de alta carga danosa, que enseja uma série de diligências que devem, de plano, ser tomadas, parece prudente que uma apuração não seja iniciada pela autoridade administrativa sem que se tenham informações mínimas sobre o fato, autoria e, em especial, sobre o representante.

Artigo 15

A comissão processante dará conhecimento ao Ministério Público e ao Tribunal ou Conselho de Contas da existência de procedimento administrativo para apurar a prática de ato de improbidade.

Parágrafo único. O Ministério Público ou Tribunal ou Conselho de Contas poderá, a requerimento, designar representante para acompanhar o procedimento administrativo.

1. Comentários

Instaurada sindicância ou processo administrativo disciplinar que apure ato de improbidade administrativa, prevê a legislação que a comissão processante tem o dever de dar conhecimento ao Ministério Público e ao Tribunal de Contas para que estes órgãos tenham a possibilidade de designar representantes para acompanhar o procedimento administrativo.

A legislação não fala em participação na comissão, nem da instrução ou mesmo do julgamento. Refere, apenas, o "acompanhamento". O Supremo Tribunal Federal possui firme jurisprudência no sentido de ser vedado ao Membro do Ministério Público o exercício de qualquer outra função pública que não a de magistério ou cargos e funções afetos à própria administração superior do Ministério Público (ADIs n°s 3.574, Rel. Min. Ricardo Lewandowski, DJe 1º.6.07, e 3.298, Rel. Min. Gilmar Mendes, DJ de 29.6.07), ainda que se trate de órgão consultivo ou deliberativo (RE 660.450, Rel. Min. Celso de Mello, DJe de 1º.8.12).

Ao que parece, não seria legítima a participação do representante do Ministério Público no procedimento administrativo, cabendo, sim, no exercício do controle externo, acompanhar andamento, atos, prazos, formalidades, etc.

Artigo 16

Havendo fundados indícios de responsabilidade, a comissão representará ao Ministério Público ou à procuradoria do órgão para que requeira ao juízo competente a decretação do sequestro dos bens do agente ou terceiro que tenha enriquecido ilicitamente ou causado dano ao patrimônio público. § 1º O pedido de seqüestro será processado de acordo com o disposto nos arts. 822 e 825 do Código de Processo Civil. § 2° Quando for o caso, o pedido incluirá a investigação, o exame e o bloqueio de bens, contas bancárias e aplicações financeiras mantidas pelo indiciado no exterior, nos termos da lei e dos tratados internacionais.

1. Comentários

A leitura do presente artigo deve ser feita juntamente com o artigo 7° da LIA, que estabelece que: "Quando o ato de improbidade causar lesão ao patrimônio público ou ensejar enriquecimento ilícito, caberá a autoridade administrativa responsável pelo inquérito representar ao Ministério Público para a indisponibilidade dos bens do indiciado", podendo ela recair "sobre bens que assegurem o integral ressarcimento do dano, ou sobre o acréscimo patrimonial resultante do enriquecimento ilícito".

Ainda, a referência aos artigos 822 e 825 do CPC devem ser atualizadas com o advento no novo Código de Processo Civil. Conforme artigo 301 do CPC, "a tutela de urgência de natureza cautelar pode ser efetivada mediante arresto, sequestro, arrolamento de bens, registro de protesto contra alienação de bem e qualquer outra medida idônea para asseguração do direito".

A questão toda é que a hipótese de sequestro, no âmbito cível, pouco ou nada tem relação com a discussão de responsabilidade por ato de improbidade ou mesmo enriquecimento ilícito. Serve o sequestro para garantir a proteção de bens acerca dos quais há disputa de propriedade ou posse, com receio de dano, frutos e rendimentos de imóvel acerca do qual se discute a propriedade, se o réu, condenado a devolver, os dissipa, bens do casal, quando o cônjuge os estiver dilapidando.

Não se confunda o sequestro, de natureza cível, com o sequestro previsto no artigo 125 do Código de Processo Penal, que estabelece:

"Caberá o sequestro dos bens imóveis, adquiridos pelo indiciado com os proventos da infração, ainda que já tenham sido transferidos a terceiro.

2. Da inaplicabilidade do sequestro ou indisponibilidade de bens nas infrações previstas no artigo 11 da LIA

Tanto o artigo 7º (indisponibilidade de bens) como o artigo 16 (sequestro) reservam as medidas gravosas apenas para aqueles casos em que se vislumbra dano ao patrimônio público (art. 10 da LIA) ou enriquecimento ilícito (art. 9º da LIA).

Artigo 17

A ação principal, que terá o rito ordinário, será proposta pelo Ministério Público ou pela pessoa jurídica interessada, dentro de trinta dias da efetivação da medida cautelar.

§ 1º É vedada a transação, acordo ou conciliação nas ações de que trata o *caput*.

§ 2º A Fazenda Pública, quando for o caso, promoverá as ações necessárias à complementação do ressarcimento do patrimônio público.

§ 3º No caso de a ação principal ter sido proposta pelo Ministério Público, aplica-se, no que couber, o disposto no § 3º do artigo 6º da Lei nº 4.717, de 29 de junho de 1965.

§ 4º O Ministério Público, se não intervir no processo como parte, atuará obrigatoriamente, como fiscal da lei, sob pena de nulidade.

§ 5º A propositura da ação prevenirá a jurisdição do juízo para todas as ações posteriormente intentadas que possuam a mesma causa de pedir ou o mesmo objeto.

§ 6º A ação será instruída com documentos ou justificação que contenham indícios suficientes da existência do ato de improbidade ou com razões fundamentadas da impossibilidade de apresentação de qualquer dessas provas, observada a legislação vigente, inclusive as disposições inscritas nos arts. 16 a 18 do Código de Processo Civil.

§ 7º Estando a inicial em devida forma, o juiz mandará autuá-la e ordenará a notificação do requerido, para oferecer manifestação por escrito, que poderá ser instruída com documentos e justificações, dentro do prazo de quinze dias.(Incluído pela Medida Provisória nº 2.225-45, de 2001)

§ 8º Recebida a manifestação, o juiz, no prazo de trinta dias, em decisão fundamentada, rejeitará a ação, se convencido da inexistência do ato de improbidade, da improcedência da ação ou da inadequação da via eleita.

§ 9º Recebida a petição inicial, será o réu citado para apresentar contestação.

§ 10. Da decisão que receber a petição inicial, caberá agravo de instrumento.

§ 11. Em qualquer fase do processo, reconhecida a inadequação da ação de improbidade, o juiz extinguirá o processo sem julgamento do mérito.

§ 12. Aplica-se aos depoimentos ou inquirições realizadas nos processos regidos por esta Lei o disposto no artigo 221, *caput* **e § 1º, do Código de Processo Penal.**

§ 13 Para os efeitos deste artigo, também se considera pessoa jurídica interessada o ente tributante que figurar no polo ativo da obrigação tributária de que tratam o § 4º do artigo 3º e o artigo 8º-A da Lei Complementar nº 116, de 31 de julho de 2003.

1. Comentários

A exigência de propositura de ação principal no prazo de 30 dias da efetivação da medida cautelar também consta do artigo 308 do CPC a serem contados, agora, em dias úteis (art. 219 do CPC). Estabelece, ainda, o artigo 309 do CPC que cessa a eficácia da tutela concedida em caráter antecedente se o autor não deduzir o pedido principal no prazo legal, se não for efetivada no prazo de trinta dias ou se o juiz julgar improcedente o pedido principal formulado pelo autor ou extinguir o processo sem julgamento e mérito.

Em todos os casos, é vedado à parte renovar o pedido, salvo sob novo fundamento. Na compreensão de novo fundamento, entende-se fato novo, e não nova argumentação sob fato que já era do conhecimento do autor da ação quando do primeiro pedido.

2. Admissão de transação ou acordo nas ações de improbidade administrativa

A redação da lei já não guarda mais a mesma severidade de quando foi editada, havendo precedentes que admitem acordo no curso das ações de improbidade (AÇÃO CIVIL PÚBLICA DE IMPROBIDADE ADMINISTRATIVA Nº 500671718.2015.4.04.7000/PR, AGRAVO DE INSTRUMENTO Nº 505327681.2015.4.04.0000/PR).

Oportuno referir, ainda, que tramita perante o Congresso Nacional projeto de reforma da lei de improbidade e nele, consta, expressamente, a previsão de acordo.

Sobressai-se, nesse sentido, as previsões do Código de Processo Civil no sentido de que "*o Estado promoverá*, sempre que possível, a solução consensual dos conflitos" (§ 2º do art. 3º do CPC), que "a conciliação, a mediação e outros métodos de solução consensual de conflitos *deverão ser estimulados por juízes*, advogados, defensores públicos e membros do Ministério Público, inclusive no curso do processo judicial" (§ 3º do art. 3º do CPC), que "*todos os sujeitos do processo* devem cooperar entre si para que se obtenha, em tempo razoável, decisão de mérito justa e efetiva" (art. 6º, do CPC), que são deveres e responsabilidades das partes, incumbindo ao juiz "*promover, a qualquer tempo, a autocomposição*, preferencialmente com auxílio de conciliadores e mediadores judiciais" (art. 139, inciso V, do CPC).

3. Ações necessárias para complementação do ressarcimento do patrimônio

Dispõe o § 2º que "a Fazenda Pública, quando for o caso, promoverá as ações necessárias à complementação do ressarcimento do patrimônio público".

4. Legitimidade do Ministério Público para propor ação civil pública objetivando ressarcimento de dano ao erário

Segundo entendimento do STJ, o Ministério Público tem legitimidade *ad causam* para a propositura de Ação Civil Pública objetivando o ressarcimento de danos ao erário, decorrentes de atos de improbidade (REsp 1261660/SP, Rel. Ministro NAPOLEÃO NUNES MAIA FILHO, Rel. p/Acórdão Ministro BENEDITO GONÇALVES, PRIMEIRA TURMA, Julgado em 24/03/2015, DJE 16/04/2015; REsp 1435550/PR, Rel. Ministro HUMBERTO MARTINS, SEGUNDA TURMA, Julgado em 16/10/2014, DJE 11/11/2014; EDcl no REsp 723296/SP, Rel. Ministro MAURO CAMPBELL MARQUES, SEGUNDA TURMA, Julgado em 03/04/2014, DJE 19/12/2014; REsp 1153738/SP, Rel. Ministro OG FERNANDES, SEGUNDA TURMA, Julgado em 26/08/2014, DJE 05/09/2014; REsp 1203232/SP, Rel. Ministro NAPOLEÃO NUNES MAIA FILHO, PRIMEIRA TURMA, Julgado em 03/09/2013, DJE 17/09/2013; REsp 817921/SP, Rel. Ministro CASTRO MEIRA, SEGUNDA TURMA, Julgado em 27/11/2012, DJE 06/12/2012; AgRg no AREsp 076985/MS, Rel. Ministro CESAR ASFOR ROCHA, SEGUNDA TURMA, Julgado em 03/05/2012, DJE 18/05/2012; REsp 1219706/MG, Rel. Ministro HERMAN BENJAMIN, SEGUNDA TURMA, Julgado em 15/03/2011, DJE 25/04/2011 REsp 1089492/RO, Rel. Ministro LUIZ FUX, PRIMEIRA TURMA, Julgado em 04/11/2010, DJE 18/11/2010).

5. Inadequação da ação de improbidade e extinção em qualquer fase do processo

A disciplina do § 11 determina que "em qualquer fase do processo", reconhecida a inadequação da ação de improbidade, o juiz extinguirá o processo sem julgamento do mérito.

Ao longo do trabalho, discutiu-se sobre a necessária diferenciação entre erros administrativos e atos de improbidade.

A má-fé, a desonestidade, a deslealdade são elementos de diferenciação ontológica entre os dois conceitos que delineiam a adequação ou a inadequação da ação de improbidade. Por conta disso, defende-se que a ação de improbidade deve trazer, inexoravelmente, em seu bojo, um ato de improbidade, sendo a reparação do dano uma sanção, um efeito da condenação dela decorrente.

Não há autonomia do pedido de reparação do erro em ação de improbidade. Não pode ser ele o pedido principal e nem lastrar um pedido alternativo no sentido de que, caso não se reconheça a improbidade, que reste o réu condenado a reparar o dano.[55]

6. A necessidade de indícios suficientes de ato de improbidade

Preconiza o § 6º que a "ação será instruída com documentos ou justificação que contenham indícios suficientes da existência do ato de improbidade ou com razões fundamentadas da impossibilidade de apresentação de qualquer dessas provas".

---

[55] A 3ª Turma do Tribunal Regional Federal da 5º Região, nos autos do Agravo de Instrumento 0800170-35.2015.4.05.0000, julgado em 04.08.2016, assim se manifestou: EMENTA: PROCESSUAL CIVIL. ADMINISTRATIVO. AÇÃO CIVIL PÚBLICA DE IMPROBIDADE ADMINISTRATIVA. INADEQUAÇÃO DA VIA ELEITA. EXTINÇÃO DO FEITO SEM RESOLUÇÃO DO MÉRITO. AGRAVO DE INSTRUMENTO PROVIDO.1. Insurgência contra a decisão que, reconhecendo não se enquadrar a conduta da ré em ato ímprobo, deu prosseguimento à demanda originária (ação civil pública de improbidade administrativa) para ressarcimento de dano ao erário, decorrente de acumulação indevida de aposentadoria por invalidez recebida pelo INSS com remuneração por exercício de função comissionada perante o TRT da 13ª Região.2. A decisão agravada, considerando que a conduta praticada pela parte ré não seria tipificada como ato de improbidade administrativa, determinou o prosseguimento daação para ressarcimento cível do prejuízo causado ao erário em razão do recebimento indevido de benefício previdenciário.3. A jurisprudência deste Tribunal já se manifestou pela possibilidade de prosseguimento da ação de improbidade administrativa, na hipótese de reconhecimento da prescrição da pretensão punitiva em relação às sanções previstas no art. 12 da Lei 8.429/92, para ressarcimento de danos ao erário decorrentes de tais atos ímprobos.4. No caso, tendo havido o reconhecimento da ausência de atos de improbidade administrativa, há que se extinguir o feito sem resolução do mérito, por inadequação da via eleita, devendo ser o ressarcimento cível buscado pela parte interessada em ação ordinária autônoma.5. Agravo de instrumento provido, para extinguir o feito, sem resolução do mérito, nos termos do art. 17, § 11, da Lei 8.429/92 c/c art. 485, IV, do CPC/2015.

Acerca dos indícios suficientes, leiam-se elementos bastantes sobre o fato ímprobo e a autoria. É preciso existir documentos ou mesmo uma prova pré-constituída (justificação) que preencha o *standard* suficiência. É claro que se trata de textura aberta e que muitas interpretações cabem dentro dessa moldura.

O STJ, nos autos do Agravo em Recurso Especial nº 286.366 – GO, assentou entendimento no sentido de que "em se tratando de mero juízo preliminar, consoante prevê o artigo 17, §§ 7º, 8º e 9º, da Lei nº 8.429/1992, basta a demonstração de indícios razoáveis de prática de atos de improbidade e autoria delituosa, para que se determine o processamento da ação, em obediência ao princípio do *in dubio pro societate*, a fim de possibilitar o maior resguardo do interesse público".

Ainda, na 38ª edição da Jurisprudência em Teses, assentou: "A presença de indícios de cometimento de atos ímprobos autoriza o recebimento fundamentado da petição inicial nos termos do artigo 17, §§ 7º, 8º e 9º, da Lei nº 8.429/92, devendo prevalecer, no juízo preliminar, o princípio do *in dubio pro societate*".

A questão é: de onde vem o *in dubio pro societate*? Seria ele um princípio? O princípio do *in dubio pro reo* tem lastro normativo, insculpido no artigo 386, VII, do CPP. Mas e o princípio do *in dubio pro societate?*[56] Lenio Streck promove importante crítica ao que denomina pamprincipiologismo em *terra brasilis*. Segundo o autor, positivaram-se os valores: "assim se costuma anunciar os princípios constitucionais, circunstância que facilita a 'criação, em um segundo momento, de todo o tipo de 'princípio', como se o paradigma do Estado Democrático de Direito fosse a 'pedra filosofal da legitimidade principiológica', da qual pudessem ser retirados tantos princípios quantos necessários para solvermos os casos difíceis ou 'corrigir' as incertezas da linguagem".[57]

[56] Como assevera Medina Osório, "Essa lógica, pautada pelo princípio in dubio pro societate, está defasada e deve ser repensada. A condição de réu é algo muito importante e que produz relevantes reflexos jurídicos, políticos e sociais. Digo isso há muitos anos. As ações penais e de improbidade em muito se assemelham pelo rito aplicável, e pelo regime jurídico do sistema punitivo. Aos processos de improbidade se aplica o regime jurídico do Direito Administrativo Sancionador, e aos processos criminais o regime de Direito Penal. Os dois tipos de ações estão submersos no devido processo legal punitivo constitucional e ao crescente tratamento unitário do jus puniendi estatal no ciclo punitivo (acordos de leniência, delações premiadas, persecução judicial integrada, investigação interinstitucional etc.). (Artigo: Conceito de in dubio pro societate deve ser repensado à luz da justa causa, publicado em <https://www.conjur.com.br/2017-jan-27/medina-osorio-in-dubio-pro-societate-repensado> e originalmente publicado no O Globo de 27.01.2017)

[57] STRECK, Lenio Luiz. *Verdade e Consenso*: Constituição, Hermenêutica e Teorias Discursivas. São Paulo: Saraiva. 2011, p. 518.

7. Razões fundamentadas da impossibilidade de apresentar indícios suficientes na propositura da ação

Preconiza o artigo 373, § 1º, do CPC, que "nos casos previstos em lei ou diante de peculiaridades da causa relacionadas à impossibilidade ou à excessiva dificuldade de cumprir o encargo nos termos do caput ou à maior facilidade de obtenção da prova do fato contrário, poderá o juiz atribuir o ônus da prova de modo diverso, desde que o faça por decisão fundamentada, caso em que deverá dar à parte a oportunidade de se desincumbir do ônus que lhe foi atribuído".

A apresentação de indícios suficientes é corolário de um devido processo legal, sobretudo de acusação grave cuja carga de sofrimento lhe é inerente. O inquérito civil, a justificação, dentre outros procedimentos extrajudiciais e judiciais, estão à disposição como uma espécie de filtro exatamente para que demandas dessa dimensão não sejam propostas sem um mínimo de provas.

8. Inversão do ônus da prova

Não obstante a divergência acerca da temática, não se há de admitir a inversão do ônus da prova sob a alegação de que a ação de improbidade é espécie do gênero ação civil pública e, por assim ser, está sujeita às regras e aos princípios que compõem o sistema único do processo coletivo, composto, dentre outras, pelas Leis n°s 7.347/85 e 8.078/90.

Preconiza o artigo 17 da LIA que "a ação principal, que terá o rito ordinário, será proposta pelo Ministério Público ou pela pessoa jurídica interessada". Exatamente por seguir o rito ordinário, vale o que dispõe o Código de Processo Civil sobre distribuição do ônus probatório. Estabelece o artigo 373, I, do CPC que "o ônus da prova incumbe ao autor, quanto ao fato constitutivo de seu direito".

O direito de punir por ato de improbidade exige que o autor da ação prove uma das condutas ímprobas por parte do réu. O recebimento da inicial em nome de um *in dúbio pro societate,* esse fantasma "pamprincipiológico" que ninguém, até hoje, foi capaz de dizer qual a base teórico-jurídica que o fundamenta, não se legitima. Também não se há de falar que, demonstradas premissas iniciais, compete ao réu comprovar "existência de fato impeditivo, modificativo ou extintivo do direito do autor" (art. 373, II, do CPP).

A questão é evidente: não há obrigação de se opor elementos impeditivos, modificativos ou extintivos de um "direito do autor" que sequer se constituiu. É verdade que o § 1º, do artigo 373, do CPC, "Nos casos previstos em lei ou diante de peculiaridades da causa relacionadas à impossibilidade ou à excessiva dificuldade de cumprir o encargo nos termos do caput ou à maior facilidade de obtenção da prova do fato contrário, poderá o juiz atribuir o ônus da prova de modo diverso, desde que o faça por decisão fundamentada, caso em que deverá dar à parte a oportunidade de se desincumbir do ônus que lhe foi atribuído".

Porém, nos autos do REsp 1640227, d.j 22.11.2017, decisão da relatoria do Ministro Og Fernandes, a matéria restou assim assentada: "Muito embora espoquem pela doutrina alguns arroubos a proclamar a possibilidade de inversão do ônus da prova em ações relativas à improbidade administrativa, por se tratarem de ações coletivas, sujeitas a expansão do CDC, a mim não restam dúvidas que, inclusive em virtude das penalidades de mencionadas ações, tendentes a imposição de severas consequências aos demandados, deve prevalecer o princípio da presunção de inocência (art. 5º, LVII, da CF), e, de consequência, ser o ônus da prova distribuído nos moldes do artigo 333 do CPC, ou seja, cumprindo ao autor a demonstração do fato constitutivo do seu direito, no caso, a efetiva prática do ato de improbidade administrativa por parte do demandado".

9. A defesa prévia

Antes da ordem de citação, estando a inicial em devida forma – aqui compreendida munida de indícios suficientes do fato e autoria – o juiz mandará autuá-la e ordenará a notificação do requerido, para oferecer manifestação por escrito, que poderá ser instruída com documentos e justificações, dentro do prazo de quinze dias.

Não se confunda, pois, essa manifestação por escrito com a contestação. Não tem esta defesa prévia a forma de contestação e muito menos a obrigação de cumprir com as disciplinas dos artigos 335 e seguintes do CPC. Inclusive, sua não apresentação não conduza à revelia nos termos do artigo 344 do CPC.

O STJ fixou entendimento de que "a ausência da notificação do réu para a defesa prévia, prevista no artigo 17, § 7º, da Lei de Improbidade Administrativa, só acarreta nulidade processual se houver comprovado prejuízo (*pas de nullité sans grief*)". EREsp 1008632/RS, Rel. Ministro MAURO CAMPBELL MARQUES, PRIMEIRA SEÇÃO, Julgado em 11/02/2015, DJE 09/03/2015; AgRg no REsp 1336055/GO, Rel. Ministro HERMAN BENJAMIN, SEGUNDA TURMA, Julgado em 10/06/2014, DJE 14/08/2014; REsp 1101585/MG, Rel. Ministro NAPOLEÃO NUNES MAIA FILHO, Rel. p/ Acórdão Ministro BENEDITO GONÇALVES, PRIMEIRA TURMA, Julgado em 21/11/2013, DJE

25/04/2014; AgRg no REsp 1134408/RJ, Rel. Ministra ELIANA CALMON, SEGUNDA TURMA, Julgado em 11/04/2013, DJE 18/04/2013; EDcl no REsp 1194009/SP, Rel. Ministro ARNALDO ESTEVES LIMA, PRIMEIRA TURMA, Julgado em 17/05/2012, DJE 30/05/2012; AgRg no REsp 1225295/PB, Rel. Ministro FRANCISCO FALCÃO, PRIMEIRA TURMA, Julgado em 22/11/2011, DJE 06/12/2011; AgRg no REsp 1218202/MG, Rel. Ministro CESAR ASFOR ROCHA, SEGUNDA TURMA, Julgado em 12/04/2011, DJE 29/04/2011.

10. Defesa prévia e *pas de nullité sans grief*

O princípio da *pas de nullité sans grief*, axioma do século XIX, vem se apresentando, ao longo dos últimos tempos, como uma ferramenta a serviço de uma corrupção do processo como instituição.

Um instituto de regras próprias, preestabelecidas a partir de discussões, diz como a cronologia dos fatos deve ocorrer. Porém, como uma espécie de "jeito na cultura jurídica brasileira", o desvio, o não cumprimento da lei, acaba esbarrando numa inquisitória inversão do ônus da prova.[58]

O Estado não cumpre a lei e cabe ao réu o dever de demonstrar prejuízo advindo da não obediência às regras processuais pelo transgressor.

A questão é: "e se fosse o contrário"? Uma licitação que não obedeceu às exigências previstas em lei? O não atendimento de um princípio por parte do servidor? A transferência de valores em uma parceria sem a devida tramitação legal? Se essa licitação tivesse alcançado aquisições por ótimo preço, se a parceria tivesse dado certo, se no atendimento ao princípio, não tivesse gerado um resultado danoso: aplicar-se-ia a máxima de que nenhuma nulidade será decretada se não houver prejuízo?

Efetivamente, não. O próprio STJ já se manifestou no sentido de que "o prejuízo decorrente da dispensa indevida de licitação é presumido, consubstanciado na impossibilidade da contratação da melhor proposta" (REsp 1.499.706). Poder-se-ia, na mesma senda, dizer que a ausência da notificação do réu para a defesa prévia, prevista no artigo 17, § 7º, da Lei de Improbidade Administrativa, configura prejuízo

---

[58] Como ensina Araújo Cintra, "o fundamento da repartição do ônus da prova entre as partes é, além de uma razão de oportunidade de experiência, a ideia de equidade resultando da consideração de que, litigando as partes e devendo conceder-se-lhes a palavra igualmente para o ataque e a defesa, é justo não impor só a uma o ônus da prova (du autor não se pode exigir senão a prova dos fatos que criam especificamente o direito por ele invocado; do réu, as provas do pressuposto da exceção". (CINTRA, Antonio Carlos de Araujo; GRINOVER, Ada Pellegrini; DINAMARCO, Cândido Rangel. *Teoria Geral do Processo*. São Paulo: Malheiros. 2003, p. 350-1)

presumido porque impossibilita o réu de apresentar sua melhor resposta, evitando, inclusive, o recebimento da inicial.

Enfim, culturalmente, mão dupla, igualdade, são coisas que efetivamente o Brasil não construiu em um processo que envolve o Estado como parte (Ministério Público ou ente público) porque não consegue se ver como parte, mas como um ente idealizado, representante do bem, do belo e do justo contra o réu da ação, ou seja, o ser que banaliza e representa o mal.[59]

11. Recebimento fundamentado da inicial de improbidade

Preconiza o § 8º do artigo 17 da LIA que "recebida a manifestação, o juiz, no prazo de trinta dias, em decisão fundamentada, rejeitará a ação, se convencido da inexistência do ato de improbidade, da improcedência da ação ou da inadequação da via eleita".

A necessidade de fundamentação de todas as decisões judiciais é uma garantia insculpida no artigo 93, IX, da CF/88. Quanto ao recebimento da inicial, em específico, consta exigência expressa de fundamentação da decisão que recebe a inicial, havendo comando no sentido de que seja a mesma rejeitada em três hipóteses: a) inexistência do ato de improbidade; b) improcedência da ação; c) inadequação da via eleita.[60] O Superior Tribunal de Justiça, nos autos do REsp 1.423.599, de 08.05.2014, anulou decisão que, de forma sucinta, sem examinar o teor da defesa prévia apresentada, recebeu a inicial e ordenou a citação dos réus.

12. Recebimento parcial da ação de improbidade

O recebimento parcial da ação de improbidade, quer para excluir da ação alguns réus, quer para excluir algumas condutas, ao que parece,

---

[59] Nietzsche, ao fazer uma crítica do idealismo metafísico, resgata pontos da aristocracia para assim referir: "o homem aristocrático separa de si os seres nos quais se manifestam sentimentos contrários deste estado de alma elevadados e orgulhosos, despreza-os. Desde já, saliente-se que nessa primeira espécie de moral e antinomia 'bom' e 'mau', significa o mesmo que 'nobre' e 'desprezível'. A oposição 'bom' e 'maldoso' é de outra origem. Despreza-se o covarde, o medroso, o mesquinho, o que pensa na estreita utilidade. Também se despreza o desconfiado, com seu olhar acanhado, o que se rebaixa, o homem-cachorro que se deixa maltratar, o mendigo-lisonjeador e, acima de tudo, o mentiroso. Os aristocratas têm como crença básica que o povo vulgar é mentiroso. 'Nós os verdadeiros' – assim se designavam a si próprios os nobres da Grécia Antiga"(NIETZSCHE, Friedrich. *Para Além do Bem e do Mal*: prelúdio a uma filosofia do futuro. Martin Claret, 2007, p. 187).

[60] A título exemplificativo, o TJ-PR, nos autos da AC 4215469 PR 0421546-9 (TJ-PR), manteve decisão de primeira instância que rejeitou ação de improbidade administrativa que visava reconhecer o depósito indevido e punir o beneficiário em face da recusa de devolução. Entendeu-se que a modalidade de ação seria ação de cobrança/repetição de indébito e não improbidade administrativa.

cabe dentro da atribuição de sentido que se possa dar ao artigo em comento, em especial aos §§ 8º e 11.

Cabe ao juiz, fundamentadamente, rejeitar a ação, se convencido da inexistência do ato de improbidade, da improcedência da ação ou da inadequação da via eleita. Ainda, compete a ele, em qualquer fase do processo, reconhecida a inadequação da ação de improbidade, extinguir o processo sem julgamento do mérito.

Na lógica da parêmia *in eo quod plus est semper inest et minus*, se o magistrado pode rejeitar toda a ação, pode fazê-la, também, em parte dela para excluir réus ou mesmo condutas. Na hipótese, por exemplo, de ser aviada ação de improbidade com pedidos alternativos de reconhecimento de prática dos artigos 10 e 11 da LIA, nada obsta receba o juízo a inicial apenas em relação ao artigo 11 por não vislumbrar, a partir do arcabouço probatório e da suficiência de elementos, existência de dano.[61]

[61] O TRF da 2º Região, nos autos do AG 201002010113631, em 11.12.2013. manteve decisão que recebera apenas parcialmente a inicial de improbidade.

Artigo 18

A sentença que julgar procedente ação civil de reparação de dano ou decretar a perda dos bens havidos ilicitamente determinará o pagamento ou a reversão dos bens, conforme o caso, em favor da pessoa jurídica prejudicada pelo ilícito.

1. Comentários

O artigo 489 do CPC traz os elementos essenciais gerais da sentença. A LIA, por sua vez, no que toca à matéria especial, agrega outros elementos específicos que devem constar da sentença de procedência.

2. Reexame necessário

Não há de se falar em eventual reexame necessário no que toca à ação de improbidade administrativa, isso porque, conforme nova orientação do STJ (Primeira Turma do STJ, no REsp 1220667/MG), o entendimento é de que a Ação de Improbidade Administrativa segue rito próprio e tem objeto específico, disciplinado na Lei nº 8.429/92, a qual não prevê hipótese de remessa necessária de sentenças de rejeição da inicial ou de improcedência, sendo inaplicável a remessa prevista no artigo 19 da Lei nº 4.717/65.

Artigo 19

> Constitui crime a representação por ato de improbidade contra agente público ou terceiro beneficiário, quando o autor da denúncia o sabe inocente.
>
> Pena: detenção de seis a dez meses e multa.
>
> Parágrafo único. Além da sanção penal, o denunciante está sujeito a indenizar o denunciado pelos danos materiais, morais ou à imagem que houver provocado.

1. Comentários

O artigo 19 da LIA foi derrogado pelo artigo 339 do CP, que traz a seguinte redação: "Dar causa à instauração de investigação policial, de processo judicial, instauração de investigação administrativa, inquérito civil ou ação de improbidade administrativa contra alguém, imputando-lhe crime de que o sabe inocente, com apenamento inclusive maior, ou seja, de dois a oito anos, e multa".

Há, ainda, uma majorante de sexta parte para o agente que se serve de anonimato ou de nome suposto, bem como uma minorante de metade se a imputação é de prática de contravenção. O parágrafo único, mantido, é uma regra geral da responsabilidade civil não guardando o texto qualquer peculiaridade em relação ao que já é observado pelos outros ramos do direito.

2. Elementar do tipo que "o sabe inocente"

A contextualização do tipo penal não pode, de nenhum modo, inibir o direito de ação, de petição, de representação perante os órgãos competentes. Somente se perfectibiliza o tipo penal se quem representou por ato de improbidade, procedeu de má-fé, contra entendimento consolidado na jurisprudência, enfim, tendo ciência prévia e inequívoca ou que o representado não era autor do ato de improbidade ou que o ato narrado, definitivamente, não constitui improbidade administrativa. A simples improcedência de uma ação de improbidade não autoriza o efeito reflexo de inaugurar uma ação penal contra o denunciante que impulsionou o inquérito civil ou a própria ação de improbidade.

Artigo 20

A perda da função pública e a suspensão dos direitos políticos só se efetivam com o trânsito em julgado da sentença condenatória.

Parágrafo único. A autoridade judicial ou administrativa competente poderá determinar o afastamento do agente público do exercício do cargo, emprego ou função, sem prejuízo da remuneração, quando a medida se fizer necessária à instrução processual.

1. Comentários

A jurisprudência brasileira vem experimentando severas alterações acerca do conceito de trânsito em julgado. Já se fala em suspensão de direitos políticos antes do trânsito em julgado (ADCs 29 e 30) e ADI 4578, em cumprimento de pena criminal antes do trânsito em julgado (STF - HC 126292/SP). Não seria uma surpresa que, nos autos de uma decisão colegiada que examinasse a improbidade, fosse determinada, mesmo antes do trânsito em julgado, a perda da função pública. Não obstante, a lei exige o trânsito em julgado, assim entendido "a sentença não mais suscetível de reforma por meio de recursos", tornando-se "imutável dentro do processo".[62]

2. Perda do cargo vinculado à função que serviu para a prática da improbidade

O STJ, em recente decisão, assentou o entendimento que: "Nas ações de improbidade administrativa, a decretação de perda do cargo público não está relacionada ao posto ocupado pelo agente no momento do trânsito em julgado da sentença condenatória, mas, sim, ao cargo que serviu de instrumento para a prática da conduta ilícita". (REsp 1766149)

3. Inexistência de efeitos automáticos da sentença de procedência em ação de improbidade administrativa

A perda da função pública e a suspensão dos direitos políticos não são efeitos automáticos da sentença condenatória.

[62] CINTRA, Antonio Carlos de Araujo; GRINOVER, Ada Pellegrini; DINAMARCO, Cândido Rangel. *Teoria Geral do Processo*. São Paulo: Malheiros. 2003, p. 306.

Preconiza o artigo 12 da LIA que, "independentemente das sanções penais, civis e administrativas previstas na legislação específica, está o responsável pelo ato de improbidade sujeito às seguintes cominações, que podem ser aplicadas isolada ou cumulativamente, de acordo com a gravidade do fato". Como visto, a aplicação de sanções pode ser isolada ou cumulada de acordo com a gravidade do fato.[63]

---

[63] Veja-se decisão do STJ que, muito embora tenha reconhecida a improbidade, afastou a suspensão dos direitos políticos. ADMINISTRATIVO. RECURSO ESPECIAL. IMPROBIDADE ADMINISTRATIVA. FRAUDE A PROCEDIMENTO LICITATÓRIO. CARACTERIZAÇÃO. SANÇÕES APLICADAS. DESPROPORCIONALIDADE VISÍVEL A PARTIR DA SIMPLES COMPARAÇÃO DE APENAMENTOS. AGENTE PÚBLICO VS. PARTICULAR. APLICAÇÃO DO ART. 12, P. ÚNICO, LEI 8.249/92. 1. No caso concreto, tem-se hipótese de simulacro de procedimento licitatório, realizada na modalidade convite. A simulação de concorrência foi inferida a partir da existência de provas nos autos no sentido de que o Presidente de uma das empresas licitantes é responsável técnico pela outra, não tendo sido resguardado o sigilo das propostas. Os agentes públicos envolvidos, pelo que se lê do acórdão recorrido, foram arrolados como réus na ação civil pública por improbidade administrativa por saberem do vínculo entre as empresas e terem engendrado a fraude perpetrada. Isso o que consta do acórdão às fls. 1.191/1.194 (e-STJ). 2. As argumentações recursais, em grande parte, realmente revelam que o recorrente pretende verdadeira revisão de fatos e provas. Trechos do recurso especial. 3. No entanto, um excerto chama a atenção: "O fato de figurar como representante da CETIL e RCET não implica em conhecer a proposta de ambas as empresa, [...] Como se percebe, impossível o recorrente ter conhecimento de todas as licitações em que participam suas empresas, sendo impossível tomar conhecimento de todos os certames licitatórios". 4. Essa é uma linha argumentativa que o STJ pode (e deve) enfrentar em especial, porque o recorrente não pretende controverter uma premissa de fato lançada pela origem; ao contrário, o recorrente a reafirma, mas aponta que o mero figurar como representante comum não é suficiente para caracterizar improbidade administrativa. Um fundamento jurídico, pois. 5. Diferente daquilo em que se baseia o recorrente, esse não foi o único fato que levou a instância ordinária a asseverar sua responsabilidade por improbidade administrativa. 6. Há um conjunto de fatores bem retratados no acórdão alvo do recurso que leva a concluir pela fraude à licitação, com participação de todos os arrolados como réus na inicial: (i) a utilização de convite, modalidade de licitação tipicamente dada à prática de fraudes, já que os licitantes podem ser diretamente convocados pela Administração; (ii) as empresas licitantes possuem um representante em comum; e (iii) há provas nos autos de que o ex-Prefeito determinou a provocação de um procedimento licitatório apenas para "legitimar" a contratação com a empresa de que o recorrente é Presidente. 7. Quer dizer: não foi a mera participação no quadro societário de ambas as empresas licitantes que levou a concluir pela participação do recorrente na fraude. 8. O magistrado precisa ter a sensibilidade de saber que, salvo nos casos de puerilidade extrema, não haverá demonstração cabal das circunstâncias objetivas e subjetivas ensejadoras que cercam o ato de improbidade, e sim um conjunto de indícios que possibilitará um convencimento neste sentido. E o conjunto dos autos é forte o suficiente para manter as conclusões do acórdão recorrido no que tange à configuração da conduta ímproba. 9. Tradicionalmente, esta Corte Superior manifesta-se pela impossibilidade de retificação das penalidades aplicadas porque o juízo de proporcionalidade envolve, normalmente, a necessidade de contato com os fatos, o que é vedado aos magistrados do STJ por sua Súmula n. 7. 10. Entretanto, é evidente a desproporcionalidade no caso concreto: é que a conduta do agente privado não pode ser punida com mesma ou maior intensidade do que a conduta do agente público que assumiu tal qualidade por ter sido eleito pelo povo – enfim, uma verdadeira traição ao mandato, à confiança que lhe é depositada. 11. A suspensão de direitos políticos para o recorrente é medida demasiada. Também demasiada a fixação de multa civil em quase R$ 5.000, 00 (cinco mil reais), devendo a quantia ser reduzida para R$ 2.500, 00 (dois mil e quinhentos reais). Permanece o ressarcimento em razão da própria conduta: utilização de procedimento licitatório para implementação de fraude com vistas a garantir enriquecimento patrimonial, com prejuízo ao erário. 12. Recurso especial parcialmente provido, apenas para excluir a sanção de suspensão dos direitos políticos em face do recorrente e reduzir-lhe a multa civil para R$2.500, 00 (dois mil e quinhentos reais).REsp 1245954/SP. RECURSO ESPECIAL REsp 1245954/SP. Ministro CASTRO MEIRA, SEGUNDA TURMA. DJe 17/09/2012.

Em se tratando de ato de improbidade, haverá sempre a necessidade de gradação da pena em homenagem ao princípio constitucional da individualização da pena (art. 5º, XLVI, CF/88). Em uma mesma ação, com diferentes réus, pode ocorrer de alguns serem obrigados a apenas devolver o valor, enquanto outros, condenados à devolução, multa, perda de cargo público e suspensão de direitos políticos.

Artigo 21

A aplicação das sanções previstas nesta lei independe:

I – da efetiva ocorrência de dano ao patrimônio público, salvo quanto à pena de ressarcimento; (Redação dada pela Lei nº 12.120, de 2009).

II – da aprovação ou rejeição das contas pelo órgão de controle interno ou pelo Tribunal ou Conselho de Contas.

1. Comentários

A leitura deve-se adequar ao contexto geral da lei. As sanções previstas na LIA guardam – ou deveriam guardar – proporcionalidade em relação aos atos praticados, quais sejam, os previstos nos artigos 9º, 10 e 11. A ocorrência de dano ao patrimônio (art. 21, I), por exemplo, é elemento essencial à caracterização do artigo 10 da LIA, não o sendo, todavia, para o artigo 11 da mesma lei.

2. Independência de instâncias e apontamentos sobre rejeição das contas

De plano, registre-se a má técnica legislativa. Órgãos internos de controle não têm competência pata aprovar ou rejeitar contas. Podem e devem, sim, manifestar-se de forma preventiva e até repressiva. Como preconiza o artigo 74 da CF/88, o sistema de controle interno tem como finalidade: a) avaliar o cumprimento das metas previstas no plano plurianual, a execução dos programas de governo e dos orçamentos da União; b) comprovar a legalidade e avaliar os resultados, quanto à eficácia e eficiência, da gestão orçamentária, financeira e patrimonial nos órgãos e entidades da administração federal, bem como da aplicação de recursos públicos por entidades de direito privado; c) exercer o controle das operações de crédito, avais e garantias, bem como dos direitos e haveres; d) apoiar o controle externo no exercício de sua missão institucional. Prevê ainda a Carta Magna que os responsáveis pelo controle interno, ao tomarem conhecimento de qualquer irregularidade ou ilegalidade, dela darão ciência ao Tribunal de Contas, sob pena de responsabilidade solidária.

Também independe, para fins de aplicação das sanções da LIA, a aprovação ou rejeição das contas pelo Tribunal ou Conselho de

Contas. A leitura aqui deve-se dar em uma via de mão dupla. Uma aprovação das contas não afasta eventual discussão de improbidade administrativa não levada à glosa pelo Tribunal de Contas. Da mesma forma, uma reprovação das contas não conduz, jamais, ao exame automático de prática de improbidade administrativa.

É preciso verificar a conduta (ação ou omissão), a participação dolosa ou culposa do administrador, a caracterização de má-fé, desonestidade, deslealdade, para que se perquira existência de ato de improbidade administrativa.

Artigo 22

Para apurar qualquer ilícito previsto nesta lei, o Ministério Público, de ofício, a requerimento de autoridade administrativa ou mediante representação formulada de acordo com o disposto no artigo 14, poderá requisitar a instauração de inquérito policial ou procedimento administrativo.

1. Comentários

Como já referido, há atos de improbidade administrativa que encontram correspondência em condutas tipificadas criminalmente. Para essas, dispõe o artigo 5°, II, do CPP que o inquérito policial será iniciado mediante requisição da autoridade judiciária ou do Ministério Público, ou a requerimento do ofendido ou de quem tiver qualidade para representá-lo. Para aqueles atos de improbidade que não guardam correlação penal, pode o Ministério Público requisitar a instauração de sindicância, processo administrativo-disciplinar e, ainda, no seu âmbito, instaurar inquérito civil para apurar as condutas.

Artigo 23

As ações destinadas a levar a efeitos as sanções previstas nesta lei podem ser propostas: I – até cinco anos após o término do exercício de mandato, de cargo em comissão ou de função de confiança;

II – dentro do prazo prescricional previsto em lei específica para faltas disciplinares puníveis com demissão a bem do serviço público, nos casos de exercício de cargo efetivo ou emprego.

III – até cinco anos da data da apresentação à administração pública da prestação de contas final pelas entidades referidas no parágrafo único do artigo 1ª desta Lei.

1. Comentários

Os prazos vêm estabelecidos no dispositivo. Questão relevante é saber o marco inicial da contagem desse prazo. Ainda, e se a conduta ímproba tiver uma correção penal, aplica-se o prazo aqui previsto ou o da legislação penal? Como se computa o prazo quando houver vários réus? Aplica-se a espécie o princípio da gravitação jurídica, ou seja, prescrito o ato de improbidade, assim também deve ser considerado do dano dele decorrente?

2. Ato de improbidade que se traduz em delito

Nos termos da jurisprudência do STJ, a contagem prescricional da Ação de Improbidade Administrativa, quando o fato traduzir crime submetido à persecução penal, deve ser pautada pela regra do Código Penal, em face do disposto no inciso II do artigo 23 da Lei nº 8.429/1992 e no § 2º do artigo 142 da Lei nº 8.112/1990 (EDv nos EMBARGOS DE DIVERGÊNCIA EM REsp nº 1.656.383 – SC (2015/0262731-9).

3. Concurso de pessoas e cômputo individual do prazo

Segundo o STJ, "em caso de concurso de agentes, prescrição de ação por improbidade é contada individualmente". REsp nº 1230550/PR (2010/0231222-4) Autuado em 01/02/2011. Não obstante, o termo inicial da prescrição na improbidade administrativa, em relação a particulares que se beneficiam de ato ímprobo, é idêntico ao do agente público que praticou a ilicitude. Acórdãos: AgRg no REsp

1510589/SE, Rel. Ministro BENEDITO GONÇALVES, PRIMEIRA TURMA, Julgado em 26/05/2015, DJE 10/06/2015; REsp 1433552/SP, Rel. Ministro HUMBERTO MARTINS, SEGUNDA TURMA, Julgado em 25/11/2014, DJE 05/12/2014; REsp 1405346/SP, Rel. Ministro NAPOLEÃO NUNES MAIA FILHO, Rel. p/ Acórdão Ministro SÉRGIO KUKINA, PRIMEIRA TURMA, Julgado em 15/05/2014, DJE 19/08/2014; AgRg no REsp 1159035/MG, Rel. Ministra ELIANA CALMON, SEGUNDA TURMA, Julgado em 21/11/2013, DJE 29/11/2013; REsp 1156519/RO, Rel. Ministro CASTRO MEIRA, SEGUNDA TURMA, Julgado em 18/06/2013, DJE 28/06/2013; EDcl no AgRg no REsp 1066838/SC, Rel. Ministro HERMAN BENJAMIN, SEGUNDA TURMA, Julgado em 07/04/2011, DJE 26/04/2011.

4. A imprescritibilidade do ressarcimento ao erário decorrente de ato ímprobo doloso

Segundo o STJ, a eventual prescrição das sanções decorrentes dos atos de improbidade administrativa não obsta o prosseguimento da demanda quanto ao pleito de ressarcimento dos danos causados ao erário, que é imprescritível (art. 37, § 5º, da CF). Acórdãos: AgRg no AREsp 663951/MG, Rel. Ministro HUMBERTO MARTINS, SEGUNDA TURMA, Julgado em 14/04/2015, DJE 20/04/2015 AgRg no REsp 1481536/RJ, Rel. Ministro MAURO CAMPBELL MARQUES, SEGUNDA TURMA, Julgado em 18/12/2014, DJE 19/12/2014; REsp 1289609/DF, Rel. Ministro BENEDITO GONÇALVES, PRIMEIRA SEÇÃO, Julgado em 12/11/2014, DJE 02/02/2015 AgRg no REsp 1287471/PA, Rel. Ministro CASTRO MEIRA, SEGUNDA TURMA, Julgado em 06/12/2012, DJE 04/02/2013. O Plenário do Supremo Tribunal Federal, em agosto de 2018, por maioria de votos, reconheceu a imprescritibilidade de ações de ressarcimento de danos ao erário decorrentes de ato doloso de improbidade administrativa. A decisão foi tomada nos autos do Recurso Extraordinário (RE) 852475.

5. Prescrição do ato de improbidade e manutenção da ação de improbidade com o único propósito de reparação do dano

Há entendimento no sentido de que a ação de improbidade não pode ter como o único objetivo a reparação do dano imprescritível, já que existem outros meios, ações e legitimados para esse propósito.[64]

---

[64] Segue decisão do TRF da 1ª Região: ADMINISTRATIVO. PROCESSUAL CIVIL. APELAÇÃO. AÇÃO CIVIL PÚBLICA PORATO DE IMPROBIDADE ADMINISTRATIVA. PRESCRIÇÃO. IMPRESCRITIBILIDADE DO RESSARCIMENTO AO ERÁRIO. § 5º DO ART. 37 DACONSTITUIÇÃO FEDERAL. PROSSEGUIMENTO PARA OBTEREXCLUSIVAMENTE O RESSARCIMENTO DE DANO AO ERÁRIO.INADEQUAÇÃO. NECESSIDADE DO AJUIZAMENTO DE

6. Agente político reeleito e termo inicial da contagem da prescrição

Em se tratando de reeleição de agentes políticos, o termo inicial do prazo prescricional, nas ações de improbidade administrativa, deve ser contado a partir do término do último mandato. (AgRg no AREsp 161420/TO, Rel. Ministro HUMBERTO MARTINS, SEGUNDA TURMA, Julgado em 03/04/2014, DJE 14/04/2014; REsp 1290824/MG, Rel. Ministra ELIANA CALMON, SEGUNDA TURMA, Julgado em 19/11/2013, DJE 29/11/2013; AgRg no REsp 1259432/PB, Rel. Ministro CASTRO MEIRA, SEGUNDA TURMA, Julgado em 06/12/2012, DJE 04/02/2013; AgRg no AREsp 119023/MG, Rel. Ministro MAURO CAMPBELL MARQUES, SEGUNDA TURMA, Julgado em 12/04/2012, DJE 18/04/2012; AgRg no AREsp 023443/SP, Rel. Ministro FRANCISCO FALCÃO, PRIMEIRA TURMA, Julgado em 10/04/2012, DJE 02/08/2012).

7. Cargo comissionado que mantém vínculo por períodos sucessivos

Segundo o STJ, "na hipótese em que o agente se mantém em cargo comissionado por períodos sucessivos, o termo *a quo* da prescrição relativa a ato de improbidade administrativa é o momento do término do último exercício, quando da extinção do vínculo com a Administração". (REsp 1179085/SC, Rel. Ministra ELIANA CALMON, SEGUNDA TURMA, julgado em 23/03/2010, DJe 08/04/2010)

8. Agente público, titular de cargo efetivo, mas que exerce cargo comissionado ou função de confiança

Conforme entendimento do STJ, "exercendo cumulativamente cargo efetivo e cargo comissionado, ao tempo do ato reputado ímprobo, há de prevalecer o primeiro, para fins de contagem prescricional, pelo simples fato de o vínculo entre agente e Administração pública não cessar com a exoneração do cargo em comissão, por ser temporário". (REsp 200801124618 – 1060529, Relator Min. MAURO CAMPBELL MARQUES, 2ª T, v.u., DJE de 18/09/2009)

AÇÃO AUTÔNOMA. 1. A jurisprudência desta Corte orienta-se no sentido de que, operada a prescrição da aplicação de sanções por ato de improbidade administrativa, nos termos do art. 23, I e II, da Lei 8.429/92, o ressarcimento ao erário deverá ser buscado em ação autônoma, não sendo possível a utilização da ação de improbidade unicamente paraeste fim. (Precedentes desta Corte). 2. Apelação não provida. (AC00077453820114013603 0007745-38.2011.4.01.3603 , JUÍZA FEDERAL ROSIMAYRE GONÇALVES DE CARVALHO (CONV.), TRF1 – TERCEIRA TURMA, e-DJF1 DATA:27/05/2016)

9. Particular que se beneficia de ato ímprobo e termo inicial da prescrição

Segundo o STJ, o termo inicial da prescrição em improbidade administrativa em relação a particulares que se beneficiam de ato ímprobo é idêntico ao do agente público que praticou a ilicitude. Acórdãos AgRg no REsp 1510589/SE, Rel. Ministro BENEDITO GONÇALVES, PRIMEIRA TURMA, Julgado em 26/05/2015, DJE 10/06/2015; REsp 1433552/SP, Rel. Ministro HUMBERTO MARTINS, SEGUNDA TURMA, Julgado em 25/11/2014, DJE 05/12/2014; REsp 1405346/SP, Rel. Ministro NAPOLEÃO NUNES MAIA FILHO, Rel. p/ Acórdão Ministro SÉRGIO KUKINA, PRIMEIRA TURMA, Julgado em 15/05/2014, DJE 19/08/2014; AgRg no REsp 1159035/MG, Rel. Ministra ELIANA CALMON, SEGUNDA TURMA, Julgado em 21/11/2013, DJE 29/11/2013; REsp 1156519/RO, Rel. Ministro CASTRO MEIRA, SEGUNDA TURMA, Julgado em 18/06/2013, DJE 28/06/2013; EDcl no AgRg no REsp 1066838/SC, Rel. Ministro HERMAN BENJAMIN, SEGUNDA TURMA, Julgado em 07/04/2011, DJE 26/04/2011;

10. Ciência inequívoca como marco inicial da contagem da prescrição

Muito embora a lei assim não disponha, a jurisprudência assentou entendimento no sentido de que o marco inicial da prescrição deve ser observado a partir da ciência inequívoca do fato, e não da data do mesmo.

A questão é: ciência de quem? Da administração vinculada ao fato? Do Ministério Público? Ainda, dispõe o artigo 15 da LIA que: "A comissão processante dará conhecimento ao Ministério Público e ao Tribunal ou Conselho de Contas da existência de procedimento administrativo para apurar a prática de ato de improbidade". O Não cumprimento desse dispositivo por quem tinha o dever de comunicar pode redundar em prejuízo ao acusado na contagem do prazo prescricional?

No que se refere ao artigo 15 da LIA, parece haver um imperativo legal no sentido de que o Ministério Público e Tribunal ou Conselho de Contas sejam cientificados do procedimento administrativo para apurar a prática de ato de improbidade. Essa ciência, enceta, sim, a contagem do prazo prescricional. A questão que pode gerar alguma controvérsia é quando aqueles órgãos não são cientificados.

Tem-se, neste caso, um legitimado que deixou transcorrer *in albis* prazo para a propositura da ação e outro que, a princípio, não tomou conhecimento do ato ímprobo. Acredita-se que, nessa hipótese, resta fulminada a ação por prescrição, isso porque não se há de falar em contagem distinta de prazos quando há legitimidade concorrente.

E a ciência inequívoca: necessariamente deve ser formal? O STJ, nos autos do EDcl no REsp 999324(2006/0232452-0, de 17/12/2010), manteve decisão oriunda de Tribunal Estadual que, muito embora tenha afastado a prescrição, considerou como termo inicial do prazo uma publicação jornalística.[65]

[65] PROCESSUAL CIVIL. EMBARGOS DE DECLARAÇÃO. OMISSÃO. CONTRADIÇÃO. OBSCURIDADE. INEXISTÊNCIA. EFEITOS INFRINGENTES. IMPOSSIBILIDADE. (PROCESSUAL CIVIL. RECURSO ESPECIAL. ADMISSIBILIDADE. NÃO INDICAÇÃO DOS MOTIVOS DA VIOLAÇÃO. DEFICIÊNCIA NA FUNDAMENTAÇÃO. SÚMULA Nº 284/STF. VIOLAÇÃO AO ART. 535, DO CPC. INOCORRÊNCIA. ALÍNEA "C". AUSÊNCIA DE SIMILITUDE ENTRE OS ARESTOS CONFRONTADOS. NÃO CONHECIMENTO. ADMINISTRATIVO. AÇÃO CIVIL PÚBLICA POR ATO DE IMPROBIDADE. SERVIDOR PÚBLICO. PRESCRIÇÃO. TERMO INICIAL. CIÊNCIA PELO TITULAR DA DEMANDA. ACÓRDÃO MANTIDO. (...) 3. A pretensão de revisão do julgado, em manifesta pretensão infringente, revela-se inadmissível, em sede de embargos, quando o decisum embargado assim concluiu: 1. O termo a quo do prazo prescricional da ação de improbidade conta-se da ciência inequívoca, pelo titular de referida demanda, da ocorrência do ato ímprobo, sendo desinfluente o fato de o ato de improbidade ser de notório conhecimento de outras pessoas que não aquelas que detém a legitimidade ativa ad causam, uma vez que a prescrição presume inação daquele que tenha interesse de agir e legitimidade para tanto. (...) 6. *In casu*, o Tribunal a quo, com acerto, afastou a prescrição da ação civil pública por ato de improbidade ajuizada pelo Parquet Estadual em 28.05.2005, considerando como termo inicial de referido prazo a publicação jornalística, ocorrida em 04.04.2003, noticiando a prática de ato de improbidade administrativa, pelo ora recorrente, consubstanciado no exercício simultâneo de cargo de Assessor Jurídico da Câmara Municipal de Caxias do Sul, que exigia subsunção ao Regime Especial de Trabalho por Dedicação Exclusiva, com o de advocacia privada, ao argumento de que naquele momento o Ministério Público teve ciência inequívoca da prática do ato ímprobo, restando desinfluente a alegada ciência, por parte dos Vereadores daquela municipalidade uma vez que não detinham a titularidade da demanda. (STJ, EDRESP 200602324520 – 999324, Relator LUIZ FUX, 1T, v.u., DJE DATA:17/12/2010)

Referências bibliográficas

ALMEIDA JÚNIOR, João Mendes de. *O Processo Criminal Brasileiro*. Rio de janeiro: Rio de janeiro. 1959.

BARBOSA, Rui, *Oração aos Moços*, 1921.

CARVALHO, Matheus. *Manual de direito administrativo*. Salvador: Juspodivm, 2016.

CINTRA, Antonio Carlos de Araujo; GRINOVER, Ada Pellegrini; DINAMARCO, Cândido Rangel. *Teoria Geral do Processo*. São Paulo: Malheiros. 2003.

CIRINO DOS SANTOS, Juarez. *A Moderna Teoria do Fato Punível*. Rio de Janeiro: revan. 2002.

DIAS, Jorge de Figueiredo. Direito Penal, Parte Geral, RT, 2012.

FAZZIO JR., Waldo. *Improbidade Administrativa: doutrina, legislação e jurisprudência*. 4. ed. São Paulo: Atlas, 2016.

FERRAZ JR., Tercio Sampaio. *A Ciência do Direito*. São Paulo: Atlas. 1980.

FIGUEIREDO, Marcelo. *Probidade Administrativa*: Comentários à Lei 8.429/92 e legislação complementar. 5. ed. São Paulo: Malheiros Editores, 2004.

FRAGOSO, Heleno Cláudio. *Lições de Direito Penal*: Parte Geral. São Paulo, Bushatsky, 1976.

GADAMER, Hans-Georg. Verdade e Método. 2º vol. Rio de Janeiro: Vozes. 2002.

GARCIA, Emerson. ALVES, Rogério Pacheco. *Improbidade Administrativa*. 7. ed. São Paulo: Saraiva, 2013.

GOMES, Luiz Flávio. *Erro de Tipo e Erro de Proibição*. São Paulo: Revista dos Tribunais. 1999.

HARGER, Marcelo. *Improbidade administrativa*: comentários à Lei nº 8.429/92. São Paulo: Atlas, 2015.

HART, Herbert L.A. *O Conceito de Direito*. Lisboa: Fundação Calouste Gulbenkian. 1961.

KANT, Immanuel. *Fundamentação da metafísica dos costumes*. Lisboa: Edições 70, 1995.

KELSEN, Hans. *Teoria Pura do Direito*. São Paulo: Martins Fontes. 2000.

LUHMANN, Niklas. *Legitimação pelo Procedimento*. Brasília: Universidade de Brasília. 1980.

NIETZSCHE, Friedrich. *Para Além do Bem e do Mal*: prelúdio a uma filosofia do futuro. Martin Claret, 2007.

OSÓRIO, Fábio Medina. *Teoria da improbidade administrativa*. 2. ed. São Paulo: Revista dos Tribunais, 2010.

PAZZAGLINI FILHO, Marino. *Lei de improbidade administrativa comentada*: aspectos constitucionais, administrativos, civis, criminais, processuais e de responsabilidade fiscal; legislação e jurisprudência atualizadas. São Paulo: Atlas, 2011.

PIETRO, Maria Sylvia Zanella Di. *Direito Administrativo*. São Paulo: Atlas, 2014.

JUSTEN FILHO, Marçal. *Comentários à Lei de Licitações e Contratos Administrativos*. São Paulo: Dialética, 2009.

——. *Curso de Direito Administrativo*. São Paulo: Revista dos Tribunais, 2016.

MARTINS JR., Wallace Paiva. *Probidade administrativa*. São Paulo: Saraiva, 2009.

ROSEN, Keith S. *O Jeito na Cultura Jurídica Brasileira*. Rio de Janeiro: Renovar. 1998.

SABBAG, Eduardo. *Manual de Direito Tributário*. São Paulo: Saraiva. 2011.

SARAMAGO, José. *Ensaio sobre a cegueira*. São Paulo: Companhia das Letras, 1995.

STRECK, Lenio Luiz. *Verdade e Consenso*: Constituição, Hermenêutica e Teorias Discursivas. São Paulo: Saraiva. 2011.

——. *Hermenêutica Jurídica e(m) Crise*: uma exploração hermenêutica da construção do direito. Porto Alegre: Livraria do Advogado. 2011.

——. *A Diferença Ontológica (entre texto e norma) como blindagem contra o relativismo no processo interpretativo*. Belo Horizonte: RBEP. Jan-jun, 2004.

WARAT, Luis Alberto. *Epistemologia e Ensino do Direito*: o sonho acabou. Florianópolis: Fundação Boiteux. 2004.

ZAFFARONI, Eugênio Raul; PIERANGELI, José Henrique. *Manual de Direito Penal Brasileiro*: parte geral. São Paulo: Revista dos Tribunais. 2011.

ZIMMER JÚNIOR, Aloísio. *Corrupção e Improbidade Administrativa*. São Paulo: Revista dos Tribunais, 2018.

Impressão:
Evangraf
Rua Waldomiro Schapke, 77 - POA/RS
Fone: (51) 3336.2466 - (51) 3336.0422
E-mail: evangraf.adm@terra.com.br